智能制造系列教材

产品模块化与大批量定制

PRODUCT MODULARIZATION AND
MASS CUSTOMIZATION

顾新建 顾复 纪杨建 著

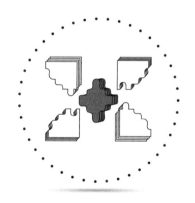

清华大学出版社
北京

版权所有，侵权必究。举报：010-62782989，beiqinquan@tup.tsinghua.edu.cn。

图书在版编目(CIP)数据

产品模块化与大批量定制/顾新建，顾复，纪杨建著.—北京：清华大学出版社，2022.3
智能制造系列教材
ISBN 978-7-302-59214-3

Ⅰ.①产… Ⅱ.①顾… ②顾… ③纪… Ⅲ.①智能制造系统－制造工业－高等学校－教材 Ⅳ.①F407.4

中国版本图书馆 CIP 数据核字(2021)第 188103 号

责任编辑：刘　杨　冯　昕
封面设计：李召霞
责任校对：赵丽敏
责任印制：朱雨萌

出版发行：清华大学出版社
　　　网　　址：http://www.tup.com.cn, http://www.wqbook.com
　　　地　　址：北京清华大学学研大厦 A 座　　邮　　编：100084
　　　社 总 机：010-83470000　　邮　　购：010-62786544
　　　投稿与读者服务：010-62776969，c-service@tup.tsinghua.edu.cn
　　　质量反馈：010-62772015，zhiliang@tup.tsinghua.edu.cn
印 刷 者：北京富博印刷有限公司
装 订 者：北京市密云县京文制本装订厂
经　　销：全国新华书店
开　　本：170mm×240mm　　印　张：7　　字　数：138 千字
版　　次：2022 年 3 月第 1 版　　印　次：2022 年 3 月第 1 次印刷
定　　价：28.00 元

产品编号：090518-01

智能制造系列教材编审委员会

主任委员
  李培根 雒建斌

副主任委员
  吴玉厚 吴 波 赵海燕

编审委员会委员(按姓氏首字母排列)
    陈雪峰 邓朝晖 董大伟 高 亮
    葛文庆 巩亚东 胡继云 黄洪钟
    刘德顺 刘志峰 罗学科 史金飞
    唐水源 王成勇 轩福贞 尹周平
    袁军堂 张 洁 张智海 赵德宏
    郑清春 庄红权

秘书
  刘 杨

丛书序1
FOREWORD

多年前人们就感叹,人类已进入互联网时代;近些年人们又惊叹,社会步入物联网时代。牛津大学教授舍恩伯格(Viktor Mayer-Schönberger)心目中大数据时代最大的转变,就是放弃对因果关系的渴求,取而代之关注相关关系。人工智能则像一个幽灵徘徊在各个领域,兴奋、疑惑、不安等情绪分别蔓延在不同的业界人士中间。今天,5G的出现使得作为整个社会神经系统的互联网和物联网更加敏捷,使得宛如社会血液的数据更富有生命力,自然也使得人工智能未来能在某些局部领域扮演超级脑力的作用。于是,人们惊呼数字经济的来临,憧憬智慧城市、智慧社会的到来,人们还想象着虚拟世界与现实世界、数字世界与物理世界的融合。这真是一个令人咋舌的时代!

但如果真以为未来经济就"数字"了,如果真以为传统工业就夕阳了,那可以说我们就真正迷失在"数字"里了。人类的生命及其社会活动更多地依赖物质需求,除非未来人类生命形态真的变成"数字生命"了。不用说维系生命的食物之类的物质,就连"互联""数据""智能"等这些满足人类高级需求的功能也得依赖物理装备。所以,人类最基本的活动便是把物质变成有用的东西——制造!无论是互联网、物联网、大数据、人工智能,还是数字经济、数字社会,都应该落脚在制造上,而且制造是其应用的最大领域。

前些年,我国把智能制造作为制造强国战略的主攻方向,即便从世界上看,也是有先见之明的。在强国战略的推动下,少数推行智能制造的企业取得了明显效益,更多企业对智能制造的需求日盛。在这样的背景下,很多学校成立了智能制造等新专业(其中有教育部的推动作用)。尽管一窝蜂地开办智能制造专业未必是一个好现象,但智能制造的相关教材对于高等院校凡是与制造关联的专业(如机械、材料、能源动力、工业工程、计算机、控制、管理……)都是刚性需求,只是侧重点不一。

教育部高等学校机械类专业教学指导委员会(以下简称"教指委")不失时机地发起编著这套智能制造系列教材。在教指委的推动和清华大学出版社的组织下,系列教材编委会认真思考,在2020年的新型冠状病毒肺炎疫情正盛之时即视频讨论,其后教材的编写和出版工作有序进行。

本系列教材的基本思想是为智能制造专业以及与制造相关的专业提供有关智

能制造的学习教材,当然也可以作为企业相关的工程师和管理人员学习和培训之用。系列教材包括主干教材和模块单元教材,可满足智能制造相关专业的基础课和专业课的需求。

主干课程教材,即《智能制造概论》《智能装备基础》《工业互联网基础》《数据技术基础》《制造智能技术基础》,可以使学生或工程师对智能制造有基本的认识。其中,《智能制造概论》教材给读者一个智能制造的概貌,不仅概述智能制造系统的构成,而且还详细介绍智能制造的理念、意识和思维,有利于读者领悟智能制造的真谛。其他几本教材分别论及智能制造系统的"躯干""神经""血液"以及"大脑"。对于智能制造专业的学生而言,应该尽可能必修主干课程。如此配置的主干课程教材应该是此系列教材的特点之一。

特点之二在于配合"微课程"而设计的模块单元教材。智能制造的知识体系极为庞杂,几乎所有的数字-智能技术和制造领域的新技术都和智能制造有关。不仅像人工智能、大数据、物联网、5G、VR/AR、机器人、增材制造(3D打印)等热门技术,而且像区块链、边缘计算、知识工程、数字孪生等前沿技术都有相应的模块单元介绍。这套系列教材中的模块单元差不多成了智能制造的知识百科。学校可以基于模块单元教材开出微课程(1学分),供学生选修。

特点之三在于模块单元教材可以根据各个学校或者专业的需要拼合成不同的课程教材,列举如下。

♯课程例1——"智能产品开发"(3学分),内容选自模块:
- 优化设计
- 智能工艺设计
- 绿色设计
- 可重用设计
- 多领域物理建模
- 知识工程
- 群体智能
- 工业互联网平台(协同设计,用户体验……)

♯课程例2——"服务制造"(3学分),内容选自模块:
- 传感与测量技术
- 工业物联网
- 移动通信
- 大数据基础
- 工业互联网平台
- 智能运维与健康管理

♯课程例3——"智能车间与工厂"(3学分),内容选自模块:
- 智能工艺设计

- ➤ 智能装配工艺
- ➤ 传感与测量技术
- ➤ 智能数控
- ➤ 工业机器人
- ➤ 协作机器人
- ➤ 智能调度
- ➤ 制造执行系统(MES)
- ➤ 制造质量控制

总之,模块单元教材可以组成诸多可能的课程教材,还有如"机器人及智能制造应用""大批量定制生产",等等。

此外,编委会还强调应突出知识的节点及其关联,这也是此系列教材的特点。关联不仅体现在某一课程的知识节点之间,也表现在不同课程的知识节点之间。这对于读者掌握知识要点且从整体联系上把握智能制造无疑是非常重要的。

此系列教材的作者多为中青年教授,教材内容体现了他们对前沿技术的敏感和在一线的研发实践的经验。无论在与部分作者交流讨论的过程中,还是通过对部分文稿的浏览,笔者都感受到他们较好的理论功底和工程能力。感谢他们对这套系列教材的贡献。

衷心感谢机械教指委和清华大学出版社对此系列教材编写工作的组织和指导。感谢庄红权先生和张秋玲女士,他们卓越的组织能力、在教材出版方面的经验、对智能制造的敏锐是这套系列教材得以顺利出版的最重要因素。

希望这套教材在庞大的中国制造业推进智能制造的过程中能够发挥"系列"的作用!

2021年1月

丛书序2
FOREWORD

制造业是立国之本,是打造国家竞争能力和竞争优势的主要支撑,历来受到各国政府的高度重视。而新一代人工智能与先进制造深度融合形成的智能制造技术,正在成为新一轮工业革命的核心驱动力。为抢占国际竞争的制高点,在全球产业链和价值链中占据有利位置,世界各国纷纷将智能制造的发展上升为国家战略,全球新一轮工业升级和竞争就此拉开序幕。

近年来,美国、德国、日本等制造强国纷纷提出新的国家制造业发展计划。无论是美国的"工业互联网"、德国的"工业4.0",还是日本的"智能制造系统",都是根据各自国情为本国工业制定的系统性规划。作为世界制造大国,我国也把智能制造作为制造强国战略的主攻方向,于2015年提出了《中国制造2025》,这是全面推进实施制造强国建设的引领性文件,也是中国建设制造强国的第一个十年行动纲领。推进建设制造强国,加快发展先进制造业,促进产业迈向全球价值链中高端,培育若干世界级先进制造业集群,已经成为全国上下的广泛共识。可以预见,随着智能制造在全球范围内的孕育兴起,全球产业分工格局将受到新的洗礼和重塑,中国制造业也将迎来千载难逢的历史性机遇。

无论是开拓智能制造领域的科技创新,还是推动智能制造产业的持续发展,都需要高素质人才作为保障,创新人才是支撑智能制造技术发展的第一资源。高等工程教育如何在这场技术变革乃至工业革命中履行新的使命和担当,为我国制造企业转型升级培养一大批高素质专门人才,是摆在我们面前的一项重大任务和课题。我们高兴地看到,我国智能制造工程人才培养日益受到高度重视,各高校都纷纷把智能制造工程教育作为制造工程乃至机械工程教育创新发展的突破口,全面更新教育教学观念,深化知识体系和教学内容改革,推动教学方法创新,我国智能制造工程教育正在步入一个新的发展时期。

当今世界正处于以数字化、网络化、智能化为主要特征的第四次工业革命的起点,正面临百年未有之大变局。工程教育需要适应科技、产业和社会快速发展的步伐,需要有新的思维、理解和变革。新一代智能技术的发展和全球产业分工合作的新变化,必将影响几乎所有学科领域的研究工作、技术解决方案和模式创新。人工智能与学科专业的深度融合、跨学科网络以及合作模式的扁平化,甚至可能会消除某些工程领域学科专业的划分。科学、技术、经济和社会文化的深度交融,使人们可以充分使用便捷的软件、工具、设备和系统,彻底改变或颠覆设计、制造、销售、服务和消费方式。因此,工程教育特别是机械工程教育应当更加具有前瞻性、创新性、开放性和多样性,应当更加注重与世界、社会和产业的联系,为服务我国新的"两步走"宏伟愿景做出更大贡献,为实现联合国可持续发展目标发挥关键性引领作用。

需要指出的是,关于智能制造工程人才培养模式和知识体系,社会和学界存在多种看法,许多高校都在进行积极探索,最终的共识将会在改革实践中逐步形成。我们认为,智能制造的主体是制造,赋能是靠智能,要借助数字化、网络化和智能化的力量,通过制造这一载体把物质转化成具有特定形态的产品(或服务),关键在于智能技术与制造技术的深度融合。正如李培根院士在本系列教材总序中所强调的,对于智能制造而言,"无论是互联网、物联网、大数据、人工智能,还是数字经济、数字社会,都应该落脚在制造上"。

经过前期大量的准备工作,经李培根院士倡议,教育部高等学校机械类专业教学指导委员会(以下称"教指委")课程建设与师资培训工作组联合清华大学出版社,策划和组织了这套面向智能制造工程教育及其他相关领域人才培养的本科教材。由李培根院士和雒建斌院士为主任、部分教指委委员及主干教材主编为委员,组成了智能制造系列教材编审委员会,协同推进系列教材的编写。

考虑到智能制造技术的特点、学科专业特色以及不同类别高校的培养需求,本套教材开创性地构建了一个"柔性"培养框架:在顶层架构上,采用"主干课教材+专业模块教材"的方式,既强调了智能制造工程人才培养必须掌握的核心内容(以主干课教材的形式呈现),又给不同高校最大程度的灵活选用空间(不同模块教材可以组合);在内容安排上,注重培养学生有关智能制造的理念、能力和思维方式,不局限于技术细节的讲述和理论知识推导;在出版形式上,采用"纸质内容+数字内容"相融合的方式,"数字内容"通过纸质图书中镶嵌的二维码予以链接,扩充和强化同纸质图书中的内容呼应,给读者提供更多的知识和选择。同时,在教指委课程建设与师资培训工作组的指导下,开展了新工科研究与实践项目的具体实施,梳理了智能制造方向的知识体系和课程设计,作为整套系列教材规划设计的基础,供相关院校参考使用。

这套教材凝聚了李培根院士、雒建斌院士以及所有作者的心血和智慧,是我国智能制造工程本科教育知识体系的一次系统梳理和全面总结,我谨代表教育部机械类专业教学指导委员会向他们致以崇高的敬意!

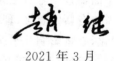

2021 年 3 月

前 言
PREFACE

产品模块化方法从出现到现在已经有60多年了,可以认为是工业3.0的产物,但目前依然很重要,德国将产品模块化作为其工业4.0参考架构RAMI4.0的重要组成部分。大批量定制是工业4.0追求的目标,产品模块化方法是其主要技术之一。大批量定制的产品是个性化的,但其成本和交货期要与大批量生产相差无几。产品模块化使组成个性化产品的零部件模块化、通用化和标准化,支持深度的、大范围的专业化分工,降低产品生命周期成本,提高产品质量和快速响应用户需求的能力。

产品模块化有助于简化产品结构和制造过程,支持智能制造。先模块化,后智能化,应成为我国智能制造的一个重要发展策略和方法。

我国是工业2.0、3.0和4.0并行发展,许多企业需要补工业2.0、3.0的课,而产品模块化是其中重要的补课内容。我国企业要提高效率、降低成本、提升质量、开展产品创新、协同创新,都需要产品模块化技术的支持。

产品模块化适应范围广,机械、家电、服装、家具、软件、服务、建筑等行业都在全面深入开展产品模块化。例如,模块化建筑是建筑行业目前大力发展的方向。

本书的特点主要是:

(1) 简明扼要地介绍了产品模块化的思想和方法。

(2) 厘清智能制造、大批量定制、模块化设计等的关系。

(3) 将产品模块化与新一代信息技术结合在一起,提出智能的产品模块化方法。

(4) 提供大量案例,帮助读者学习和理解。

本书主要介绍了大批量定制的背景、发展概况和技术体系。着重分析了实现大批量定制的主要方法之一——产品模块化方法,包括产品模块化体系架构,产品模块划分方法,产品模块优化方法,基于产品模块化的智能设计、生产和服务等。

本书的写作分工是:顾新建负责专著的主要撰写工作,顾复负责参考资料的搜集和案例撰写、插图的制作以及部分章节的撰写等,纪杨建参与部分章节的撰写。

参加相关项目研究的有博士后代风、陆群峰、张武杰等,博士研究生马步青、杨洁、郑范瑛、张今、刘杨圣彦等,硕士研究生刘雅聪、滕宇东、胡馨雨、刘智博、叶靖雄、黄卓、蒋耀东、高钎发等，在此深表感谢！

本书研究得到国家自然科学基金项目——产品模块化智能设计理论和技术研究（51775493）和宁波市科技创新 2025 重大专项——基于产品全寿命管理的服务平台构建与应用（2019B10030）的支持，特此感谢！

对本书研究中给予支持的以下人员表示感谢！他们是：浙江大学机械工程学院的谭建荣院士、唐任仲教授、张树有教授、陈芨熙副教授；华为技术有限公司的侯树栋、马小强、秦克波、王雷等工程师们；浙大联科陈凤华总监、宁波月立电器股份有限公司的厉力众副总等；中国标准化研究院的王志强、杨青海、洪岩、刘守华等高工。

最后要特别感谢已故的祁国宁教授在产品模块化研究方面作出的杰出贡献。我们将永远怀念敬爱的祁国宁教授。

本书适合制造业企业科技人员和管理人员、高校工科高年级学生和研究生使用。

由于时间仓促，加之水平所限，疏漏和错误之处在所难免，敬请广大读者批评指正。

作者于求是园

2021 年 3 月 27 日

目 录
CONTENTS

第1章　大批量定制概述 ………………………………………………… 1
　1.1　大批量定制的背景 ……………………………………………… 1
　　　1.1.1　工业革命与大批量定制 ……………………………… 1
　　　1.1.2　大批量定制简介 ……………………………………… 3
　　　1.1.3　产品批量与成本反比原理 …………………………… 3
　1.2　大批量定制的发展概况 ………………………………………… 5
　　　1.2.1　成组技术 ……………………………………………… 5
　　　1.2.2　精益生产 ……………………………………………… 6
　　　1.2.3　产品模块化 …………………………………………… 7
　　　1.2.4　信息化与工业化融合("两化融合") ………………… 7
　　　1.2.5　企业合理化 …………………………………………… 8
　　　1.2.6　网络协同制造 ………………………………………… 9
　　　1.2.7　增材制造 ……………………………………………… 9
　1.3　大批量定制的基本原理 ………………………………………… 9
　　　1.3.1　用户订单分离点后移原理 …………………………… 9
　　　1.3.2　相似性原理 …………………………………………… 13
　　　1.3.3　重用性原理 …………………………………………… 13
　　　1.3.4　全局性原理 …………………………………………… 13
　　　1.3.5　产品全生命周期总成本最低原理 …………………… 15
　1.4　思考题 …………………………………………………………… 15

第2章　产品模块化概述 ………………………………………………… 17
　2.1　产品模块化的发展概况 ………………………………………… 17
　　　2.1.1　国外产品模块化概况 ………………………………… 17
　　　2.1.2　国内产品模块化概况 ………………………………… 18
　　　2.1.3　大批量定制和产品模块化的演化路线 ……………… 19
　2.2　产品模块化总体模型 …………………………………………… 21

    2.2.1 产品研发、模块化和定制设计的关系模型 ………………… 21
    2.2.2 产品模块化的过程参考模型 ………………… 22
    2.2.3 产品模块化平台和架构 ………………… 22
  2.3 大批量定制与产品模块化的优化模型 ………………… 25
    2.3.1 大批量定制的二维优化模型 ………………… 25
    2.3.2 产品维优化模型 ………………… 27
    2.3.3 过程维优化模型 ………………… 30
    2.3.4 产品批量、时间和成本关系的解耦模型 ………………… 32
  2.4 思考题 ………………… 33

第3章 产品模块划分方法 ………………… 34
  3.1 产品模块划分的目的和过程 ………………… 34
    3.1.1 成套装置模块划分 ………………… 34
    3.1.2 整机模块划分 ………………… 37
    3.1.3 部件模块划分 ………………… 39
    3.1.4 零件模块划分 ………………… 39
    3.1.5 产品模块划分的过程 ………………… 42
  3.2 用户需求的获取和分析 ………………… 42
    3.2.1 用户需求的分类体系 ………………… 42
    3.2.2 用户需求的获取方法 ………………… 43
    3.2.3 用户需求的分析方法 ………………… 44
  3.3 产品订单数据分析 ………………… 45
  3.4 产品功能模块划分 ………………… 46
    3.4.1 产品功能模块划分的基本方法 ………………… 46
    3.4.2 产品功能模块划分的基本原则 ………………… 47
  3.5 产品结构模块划分 ………………… 48
    3.5.1 从产品功能模块到产品结构模块 ………………… 48
    3.5.2 产品结构模块划分的方法 ………………… 48
    3.5.3 产品结构模块化的基本原则 ………………… 50
  3.6 产品模块划分评价 ………………… 51
  3.7 思考题 ………………… 52

第4章 产品模块优化方法 ………………… 53
  4.1 产品编码设计 ………………… 53
    4.1.1 产品编码的分类 ………………… 53
    4.1.2 产品分类码 ………………… 54

　　　　4.1.3　零部件名称 ·· 55
　　　　4.1.4　产品语义编码 ·· 56
　4.2　模块主模型建模 ·· 57
　　　　4.2.1　模块主模型建模的基本概念 ·· 57
　　　　4.2.2　模块几何形状分析 ·· 57
　　　　4.2.3　模块结构参数分析 ·· 58
　　　　4.2.4　模块主模型 ·· 59
　　　　4.2.5　模块主文档 ·· 59
　　　　4.2.6　基于模块主模型的变型设计 ·· 60
　4.3　模块接口设计 ·· 61
　4.4　产品主结构的建立 ·· 63
　　　　4.4.1　产品主结构 ·· 63
　　　　4.4.2　基于主结构的产品配置设计 ·· 64
　4.5　产品模块优化评价 ·· 64
　　　　4.5.1　模块化产品通用性评价 ·· 64
　　　　4.5.2　模块化产品全生命周期成本评价 ·· 66
　　　　4.5.3　模块化产品生命周期中各环节耗费时间的评价 ·· 66
　　　　4.5.4　模块化产品质量评价 ·· 66
　　　　4.5.5　模块化产品用户满意度评价 ·· 69
　　　　4.5.6　模块化产品整体评价 ·· 70
　4.6　思考题 ·· 70

第5章　产品模块化与智能设计、生产和服务 ·· 71
　5.1　智能产品模块化方法 ·· 71
　　　　5.1.1　产品名称语义编码建立的智能方法 ·· 71
　　　　5.1.2　产品模块划分的智能方法 ·· 74
　　　　5.1.3　产品模块优化的智能方法 ·· 75
　　　　5.1.4　产品主结构建立的智能方法 ·· 79
　5.2　基于产品模块化的智能生产 ·· 81
　　　　5.2.1　基于模块化的产品智能报价 ·· 81
　　　　5.2.2　基于模块化的生产智能计划 ·· 81
　　　　5.2.3　基于模块化的未来工厂 ·· 82
　5.3　基于产品模块化的智能服务 ·· 84
　　　　5.3.1　基于零件库的智能服务 ·· 84
　　　　5.3.2　基于大数据的面向模块化的汽车协同维护服务 ·· 87
　5.4　思考题 ·· 92

参考文献 ·· 93

第1章

大批量定制概述

1.1 大批量定制的背景

1.1.1 工业革命与大批量定制

工业革命的发展如图 1-1(a)所示。图 1-1(b)是工业 4.0 的发展战略框架,其核心是信息物理系统(Cyber Physical System,CPS),即智能制造系统。目标是大批量定制。智能制造是实现大批量定制的手段。

工业 4.0 的两大战略是:

(1) 领先的供应商战略。德国领先的制造技术解决方案同新一代信息技术融合,生产出具备"智能"与乐于"交流"的制造装备,实现创新,开拓新的市场机遇。注重吸引中小企业参与第四次工业革命。

(2) 领先的市场战略。强调德国企业通过高速互联网络实现快速的信息共享,重新定义与进一步细化产品模块和生产工艺,实现有效的专业化分工合作。

工业 4.0 的四大主题中的智能生产、智能工厂和智能服务的突出特点是全社会可以通过服务互联网和 APP 平台为企业提供服务,使专业化分工合作达到极致。

工业 4.0 的八项举措中的第一项就是标准化和参考架构。该参考架构明确提出先进行零部件模块化、产品平台化,然后才是产品的快速定制。例如,一个标准的 M10 螺栓采用大批量生产模式制造的费用是 50 元/kg,平均一个螺栓的成本不到 1 元。如果采用智能制造装备生产一个类似的个性化螺栓,成本可能要高出上千倍。这与工业 3.0 的产品模块化思想如出一辙。

八项举措中的第五项是工作组织和设计。在智能制造中,需要的是知识型员工,他们在工作中承担重大责任、需要知识共享和协同创新,同时也要考虑如何发挥他们的积极性和创新性,需要为他们提供促进个人发展、自我价值实现的机会,这就需要通过一种社会—技术方法进行工作的组织和设计。员工将拥有高度的管理自主权,可以更加积极地投入和调节自己的工作。[1]人们已经认识到智能制造的

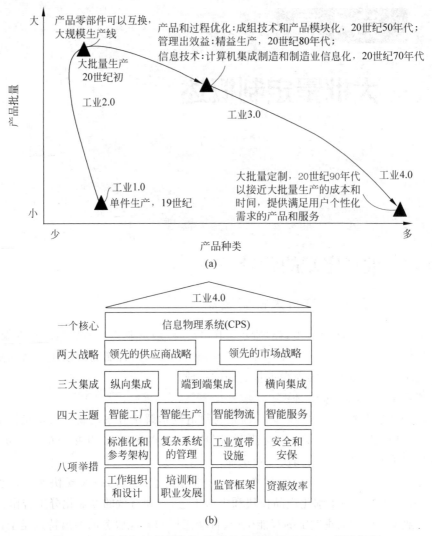

图 1-1 工业革命与产品批量、种类的关系以及工业 4.0 战略框架
(a) 工业革命与产品批量、种类的关系；(b) 工业 4.0 战略框架

难点之一是管理和组织的变革。首先，智能制造基于数据实现端对端集成，信息充分共享，管理平台化，打破了企业原有的金字塔官僚管理体制结构，来自原有权力结构的拥有者的变革阻力会很大，而往往他们还掌握了决策权，导致智能制造的资源投入不到位。其次，管理方式会因信息平台化而发生改变，个体和任务小团队的自管理、自决策机制会越来越普遍，需要很好的组织管理方式及组织文化来激发个体和小团队的工作意愿并相互协同。[2] 这些与工业 3.0 的精益生产思想相似。

显然工业 4.0 继承了工业 3.0 的基本思想和方法。但第三次工业革命是数字化，主要采用一种集中式控制模式；第四次工业革命是智能化，主要采用分布式控制模式，这是两者最大的不同。

西方国家的工业革命是渐次发展的,是一种串行过程。中国与西方国家不同,一方面需要紧跟第四次工业革命的步伐;另一方面需要补前几次工业革命的课,是一个并行发展的过程。补课内容包括产品模块化、管理精益化、企业数据化和网络化等。在补课基础上实现智能化。

1.1.2 大批量定制简介

在市场经济环境中,用户需求是企业生产的指挥棒。只有充分满足用户需求的企业才能生存和发展。当前用户需求的发展趋势是:产品多样化和个性化,同时要求产品交货期短、成本低。这对企业的生产模式提出了巨大的挑战。

1970 年,托夫勒(Alvin Toffler)在 *Future Shock* 一书中提出了一种未来的生产模式:以接近大批量生产的成本和时间,提供满足用户个性化需求的产品和服务。1987 年,达维斯(Stan Davis)在 *Future Perfect* 一书中将这种生产模式称为大批量定制(mass customization,MC)。

传统的大批量生产采用自动化和机械化的刚性生产线,工序高度细化和标准化,员工工作简单,生产单一品种的产品,批量很大,生产效率高,成本低,质量稳定。但生产线的建立需要大量时间和成本,并且生产线难以随着产品的变更而变更。传统的单件定制生产则刚好相反,标准化程度低,成本高,生产效率低,对员工的技术水平要求高。当前用户一方面要求产品个性化和多样化,即批量越来越小;另一方面要求产品价格低、交货期短。这就要求企业将大批量生产和单件定制生产的优点融合在一起,如图 1-2 所示。这就是大批量定制生产。[3]

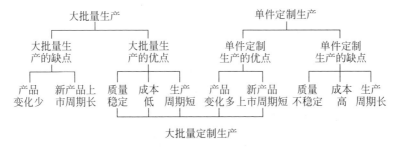

图 1-2 大批量定制融合了大批量生产和单件定制生产的优点

1.1.3 产品批量与成本反比原理

大批量生产所依据的基本原理是产品批量与成本反比原理,其定义是:产品批量 P_{CP} 与生产成本 C 成反比关系,即产品批量越大,生产成本越低。因为生产批量大,可以采用高效的设备和工装,工人的熟练程度有很大提高,材料购买量越大价格就越低,最终使产品生产成本大幅降低。如图 1-3(a)所示,其曲线可用下列关系式表示:

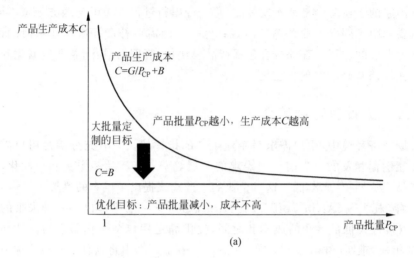

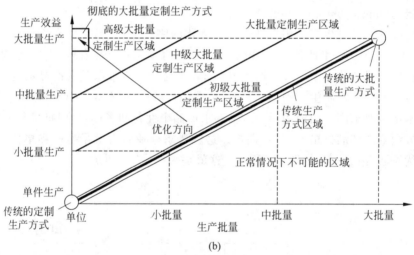

图 1-3 产品批量与成本反比定理及大批量定制的优化方向
(a) 产品批量与成本反比原理的示意图；(b) 大批量定制的优化方向

$$C = G/P_{CP} + B \tag{1-1}$$

式中　C——生产成本；

　　　P_{CP}——产品的批量；

　　　B——变动费用(与产量的增减成比例增减的费用,如材料费、动力费和奖励工资等)；

　　　G——固定费用(与产量无关的费用,如地租、房租、利息和固定工资等)。

由图 1-3(a)可以看出,批量很大时,生产成本 C 趋于材料费等变动费用 B。批量为 1 时,生产成本 C 趋于固定费用 G 和变动费用 B 之和。

产品批量减小,成本 C 不增加,这是大批量定制的优化目标之一,即 $C_{MC} \rightarrow B$。

表面看起来,大批量定制颠覆了产品批量与成本反比原理。其实,大批量定制还是遵循产品批量与成本反比原理的。大批量定制的主要方法之一是将各种批量为1或小批量的产品组成模块进行通用化,通过模块批量 $P_{MK} \to \infty$,进而实现 $C_{MC} \to B$。

图1-3(b)描述了大批量定制的优化方向,即批量越来越小,效益越来越高,最终是在单件生产中实现大批量生产的效益。

1.2 大批量定制的发展概况

在实践中,大批量定制生产模式是逐渐进化完善的。图1-4描述了大批量定制的技术体系,由图中可以看到大批量定制是一种系统工程,通过各种技术的融合、重组和优化,使大批量定制深入发展。模块化技术便是其中的一种关键技术。[4]

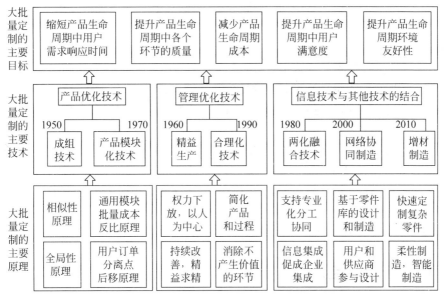

图1-4 大批量定制的技术体系

注:图中的数字是该技术出现的年代。

1.2.1 成组技术

1. 成组技术简介

20世纪50年代成组技术开始发展,以解决多品种小批量生产中的成本高、交货期长的问题。50年代中期苏联的斯·帕·米特罗范诺夫发表了《成组工艺科学原理》一文,其基本原理是"批量与成本反比原理"和"相似性原理"。成组技术是一门工程技术科学,研究如何识别和发掘生产活动中有关事物的相似性,并充分利用这些相似性,即把相似的问题归类成组,寻求解决这一组问题相对统一的最优方案,以获得所期望的经济效益。成组技术研究内容包括零件分类编码系统、成组工艺、成组夹具和成组单元等。[5]

2. 成组技术的概念

成组技术考虑问题和处理问题的方法与大批量定制相似,是实现大批量定制的基本方法之一。在人们的生活和工作中存在着大量的相似事物。成组哲理认为,按事物的相似性分类成组处理问题可以大大提高效益。而成组技术则是基于现代科学技术,将成组哲理深入、有效地应用于制造业,充分发现、标识和利用产品及制造过程中的相似性,实现生产全过程的优化。

成组技术的基本概念可以表述为:将企业生产的多种产品、部件、零件和结构要素,按照一定的相似性准则分类成"族",并以相应的"组"(group,即成组生产单元或单元制造系统)为基础来组织生产过程的各个环节,从而实现生产全过程的合理化和科学化。按照成组技术原理建立起来的新型制造系统称为成组制造系统。

作为一种已经发展了半个多世纪的技术,成组技术的许多方法和技术可以被大批量定制所借鉴。例如,成组技术处理问题的一般过程是:首先使产品品种合理化,进行价值分析和简化结构设计,采用分类编码以减少零部件的种类,建立成组单元,贯彻单一循环的短周期小批量生产计划,实行成组作业进度计划。上述过程与大批量定制处理问题的过程非常一致,只是后者考虑问题的范围更大,采用的技术更先进。

成组技术可以全面应用于从产品设计到制造的各个环节,包括成组设计、成组工艺设计和成组制造等。成组技术可以用于 CAD 系统中零件信息的条理化和简化,如零件的标准化和 CAD 数据库的检索等;也可以用于 CAD/CAPP/CAM 一体化,是连接 CAD 系统和 CAPP、CAM 系统的重要纽带。采用成组技术后,即使不使用自动化流水线也能获得巨大的经济效益。

1.2.2 精益生产

20 世纪 50 年代,世界汽车业主导的美国汽车工业采用的是大批量生产方式,而日本的汽车工业市场小、资金缺乏、产品品种多,日本汽车业无法采用大批量生产方式。以丰田公司为代表的日本汽车业另辟蹊径,提出了一种新型生产模式,并在 20 世纪六七十年代推广到日本的其他制造业,使日本的制造业后来居上。80 年代,美国人对丰田生产模式进行了深入调查,将其总结为精益生产(Lean Production,LP)。[6]精益生产综合了单件生产与大量生产的优点,既避免了前者的高成本,又避免了后者的僵硬化。"精益"的英文是"lean",原意是"瘦的",在精益生产中转意为"简化的""精节的""精益的"等。精益生产的基本原理是:一切从简,即简化一切不产生附加价值的工作内容。同时,特别强调在任何时候对任何事物必须精益求精。[7]精益生产方式的特点可归纳为:

（1）以"人"为中心。这里所说的"人"包括整个精益生产系统所涉及的所有人员，如本企业各层次的工作人员以及协作单位、销售商和用户等。精益生产厂家中的所有工作人员都是企业的终身员工，只要他们全面完成任务就可以保住职位（终身雇用制）。精益生产厂家的员工基本上是从最低层干起的，工资与本人在企业的资历有关（年功序列制）。企业把员工看作比机器更为重要的固定资产，机器陈旧了可以报废，但人力资源不能随意淘汰。因此为了从其有效的 40 年（从进厂到退休）服务期内得到最大的产出，需要不断地提高员工的技能，充分发挥他们的积极性和创造性。

（2）以"简化"为手段。"Lean Production"又有简化生产的含义。简化是实现精益生产的基本手段。精益生产企业比一般非精益生产企业减少了一半人、一半生产场地、一半新产品开发工作、一半库存量、一半设备投资等。

（3）以"协同进化"为生存环境。精益生产不仅企业自身要"精益"，供应链也要"精益"，注重供应链的协同进化。例如，丰田汽车公司专门成立了精益生产推广小组，以帮助其零部件企业实现精益生产。

（4）以"尽善尽美"为最终目标。企业不断地追求"尽善尽美"，如"零"转产工时、"零"库存、"零"浪费、"零"缺陷、"零"故障、"零"停滞、"零"灾害等，这些"零"永远不会实现，久而久之的不懈追求最终使企业面貌焕然一新。

1.2.3　产品模块化

20 世纪六七十年代，产品日益复杂，用户的个性化需求更加突出。人们开始用模块化设计方法对产品结构进行重组，降低产品的复杂度，简化产品设计，并提高制造和装配效率。产品模块化在工业汽轮机、汽车、舰船、工程机械、电子设备、计算机等领域开始应用。其基本原理是将复杂产品分解为一系列独立功能的模块，通过模块的选择和重组，在满足用户多样化的同时，尽可能减少产品内部多样化。对用户而言，产品可能是独一无二的，但产品中的大部分模块是标准的、大批量生产的。[8]

产品模块化技术是本书的重点，将在后面展开介绍。

1.2.4　信息化与工业化融合（"两化融合"）

信息化与工业化融合是指信息技术在企业的应用，也称企业信息化。20 世纪七八十年代，信息化技术在制造业全面推广应用，从设计到制造，柔性化和自动化程度全面提升。例如，依据 CAD 系统，可以快速进行产品变型设计和配置设计；通过数控机床和柔性制造系统可以快速、低成本地制造出定制零件；通过计算机集成制造系统（computer integrated manufacturing system，CIMS）实现企业信息的集成和快速反应。

案例 1-1　服装企业面临的最大困扰是：如何在增加销量的同时，减少库存。

服装是快速消费品,积压的过季库存服装往往要打折处理,使服装企业损失巨大。解决问题的方法是:采用"喝酒模型",服装企业通过信息技术掌握各服装店的销售和库存信息,变订单式的"推动"生产为无订单式的"拉动"生产,所有服装店的销售和库存都变成透明的酒杯,信息系统是"服务员",可以看到喝什么酒(各种款式服装的销售情况)、每种酒还剩多少(库存情况)、可以喝多长时间(库存可以满足销售的时间)。然后信息系统"精确制导",服装企业及时准确地给服装店快速补货、调货、退货,对销量特别好的款式则进行追单面料生产和成衣生产,实现了高用户满意度和零库存。[9]

产品模块化是实现"两化融合"的重要基础之一。例如,产品模块化与CAD系统结合产生产品配置设计系统和产品变型设计系统;产品模块化与CAPP系统结合形成派生式CAPP系统。[10]"两化融合"技术的进一步发展就是智能制造技术。产品模块化是智能设计和制造的基础,它可以简化智能设计和制造系统。生物体具有明显的模块化特征,可以自生长、自组织、自优化,人工智能系统也应是一种模块化系统。

1.2.5 企业合理化

在企业信息化中,人们发现,仅凭信息技术是不能解决大批量定制问题的,因此总结出了"先合理化,后信息化"的经验,即将合理化工作与企业信息化结合起来。[11]

图1-5描述了合理化工作框架。制造业信息化中的合理化工作主要包括产品设计合理化和企业过程合理化,而这两者往往是相互关联的。产品设计合理化和企业过程合理化的本质就是标准化。模块化是产品合理化中的主要内容之一。人们也已经发现企业组织跨功能的协同化和产品模块化都对大批量定制产生了显著影响。[12]

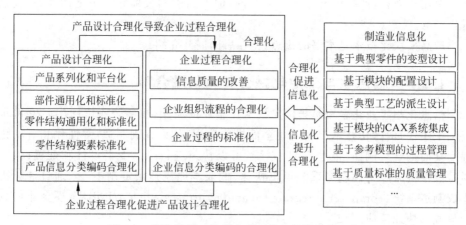

图1-5 信息化与工业化融合中的产品设计合理化

1.2.6 网络协同制造

随着21世纪初经济全球化的全面推进以及互联网的广泛应用,越来越多的企业发现,自己不可能在产品全价值链的每个环节都做到全球最好,并且产品越来越复杂,技术更新越来越快,什么都自己做,投资大,风险也大。所以企业通过业务外包、协同设计和制造、全球采购、动态联盟等实现制造资源的最佳配置和利用,进一步促进大批量定制的发展。

美国提出的21世纪制造业发展战略是敏捷制造,虚拟企业是敏捷制造的核心要素,这是一种通过网络快速找到最有竞争力的合作伙伴的动态联盟组织,是一种简捷的、柔性的模块化生产模式,包括产品模块化和企业模块化。

1.2.7 增材制造

增材制造(additive manufacturing,AM)又称3D打印,是信息技术与材料和制造技术的结合,其模块化的思想是将模块粒度最小化,达到材料颗粒级,通过相同或不同材料逐渐累加的方法定制出具有复杂微观结构、性能优异的零件,并且有可能进一步降低个性化产品的定制成本,缩短定制时间,同时能够有效降低能源消耗、消除环境污染和减少原材料浪费。增材制造也将导致网络"公众制造""社会化制造"模式的出现。[13]

1.3 大批量定制的基本原理

1.3.1 用户订单分离点后移原理

用户订单分离点(customer order de-coupling point)简称分离点,是指企业生产活动中由基于预测的库存生产转向响应用户需求的定制/订单生产的转换点(图1-6)。在用户订单分离点之前的生产经营活动是根据预测进行的;在用户订单分离点之后的生产经营活动需要根据用户订单的实际要求而定。产品交付提前期是从用户订单分离点开始计算的。

按照用户订单分离点在企业生产过程中的位置不同,可以将生产模式分为:[8]

1. 按订单销售(Sale-to-Order,STO)

按订单销售又称为库存生产(make-to-stock,MTS)或预测型生产,实际上就是一种大批量生产(mass production,MP)方式,是在市场环境相对稳定的情况下,根据对市场的预测,按批量生产产品,然后根据市场的实际需求销售库存成品。在STO中,企业也在千方百计地满足用户的多样化和个性化需求。

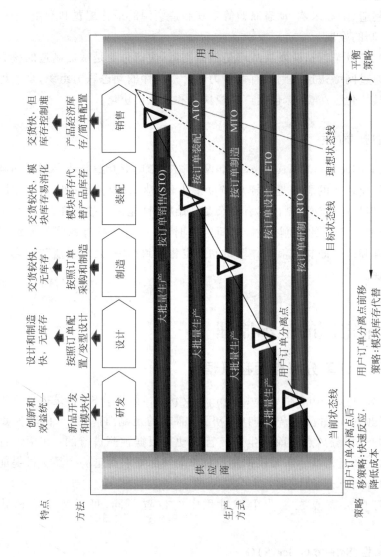

图1-6 从大批量生产到大批量定制的各种生产模式

（1）采用系列化方法，以尽可能少的品种满足用户的多样化和个性化需求。例如，服装有系列化标准，每一种款式有高矮、胖瘦等多个系列变型，基本可以满足大部分人的需求。又如，西裤裤脚的长短可以在用户购买后进行定制，以减少库存量，满足个性化需求。

（2）通过特定软件配置，利用软件配置方便的特点，满足用户的多样化和个性化需求。例如，华为的软件定义摄像机（SDC）就是采用这样一种方法。

（3）采用销售现场配置的方法，满足用户的多样化和个性化需求。例如，个性化颜色的油漆可在油漆店现场通过红、黄、蓝3种基本颜色配成。

2. 按订单装配（assemble-to-order，ATO）

按订单装配是一种利用库存的通用零部件装配成用户需要的定制产品的生产模式，通过模块化和标准化的零部件选择和配置，满足用户的个性化需求。其适用范围是：

（1）产品是高度个性化的，无法预测和准备库存，但个性化的产品可以由一些通用模块组成。

（2）产品种类很多，但需求不定，容易形成呆滞库存。组成不同种类产品的通用模块作为库存可以减小呆滞库存的风险。

案例 1-2 某叉车厂生产上百种型号的叉车，其中很多结构是相似的，客户需求批量较小，大多为1~2台，但交货期要求很短。如果对每种型号的叉车都库存2台，以备客户的选择，那么就需要200多台叉车作为库存，会造成大量流动资金的积压，而且有的叉车可能存放很长时间也没有客户购买，造成了浪费。如果对产品进行模块化，以通用部件代替整车作为库存，这样只需要库存20多套叉车的通用部件就可以满足客户的需要了。当然，这些通用部件必须能够较快地装配成合格的整车。

3. 按订单制造（make-to-order，MTO）

按订单制造是一种根据订单需求快速制造零部件，并装配成定制产品的生产模式。其适用范围是：

（1）产品通用模块可以快速制造，进行装配，成为个性化产品，提供给用户，从而减少模块库存。

（2）可以采用变型设计的方法快速得到个性化的产品，立即进入制造阶段。

案例 1-3 现在一些服装企业，如雅戈尔，推出了服装定制，即用户到服装企业的专卖店量身、选择面料和款式后，企业根据用户的身材尺寸，通过服装设计软件，在服装基型的基础上，自动设计出适合用户的服装，然后组织定制生产。

4. 按订单设计（engineer-to-order，ETO）

需要根据用户订单中的特殊需求，重新设计某些新零部件，或者进行变型设计，或者是在通用模块加上少量的专用模块组成。

案例 1-4 积木块系列工业汽轮机是高度个性化的,但其基本原理和原型已经研制完成,大部分零部件是标准化和通用化的,关键的通流部分需要根据订单要求重新设计。但这些设计所需要的知识已经固化为软件,设计是一种成熟的、标准化的过程,所以设计速度显著提高。

5. 按订单研制(research-to-order,RTO)

按用户的需求进行产品研发,如基于新的科学技术发明开发新产品,或基于新的原理和新的原材料开发新的生产工艺,并按照用户订单中的具体需求组织产品生产过程。

案例 1-5 载人航天神舟一号至七号飞船是按订单研制的。航天飞船是非常复杂的产品,很多部门参与,为了降低复杂度,提高设计效率,采用了模块化的设计方法。航天飞船的主要部件可以由火箭分批送上天,在太空组合,以解决一次将所有部件送上天的困难。其中,神舟一号至五号飞船将轨道舱设计为支持空间试验的留轨舱;神舟六号载人飞船在留轨舱的基础上,配置载人环境控制功能,支持航天员的短期驻留;神舟七号载人飞船将留轨舱改造为气闸舱,配置出舱活动支持功能,以满足航天员的出舱任务需求。各部件中的各个子系统又是模块化的,可以分别开发设计。

从大批量生产到大批量定制转变的主要目标是在满足用户定制的需求下,尽量将用户订单分离点向生产过程的下游移动,如图 1-6 所示,将用户订单分离点从当前状态线移到目标状态线。但也不能一味地后移,因为首先要满足用户的定制要求。

由于用户需求的多元化,即使同一种产品、同一家企业也往往存在多种生产模式。例如,工业汽轮机生产企业中大多数订单的产品是定制的,采用 ETO 模式;也有少量产品有一定的批量,如给水泵工业汽轮机,可以采用 MTO 模式;还有的产品是全新的,需要进行研发,如燃气轮机和大型工业汽轮机。因此企业中各种生产模式的选择和配比需要平衡,主要包括:

(1) 用户订单分离点后移策略。通过精准预测,建立常用产品和模块的库存,快速反应,降低成本。

(2) 用户订单分离点前移策略。针对用户定制的产品,用模块库存代替产品库存、材料库存代替模块库存,在尽可能快速满足用户定制产品需求的同时,减少不必要的库存浪费。

例如,国外沃尔沃客车、奔驰客车等一些整车厂 80% 的订单处理是 MTO,20% 的订单处理是 ETO。还有一部分车型是企业主动设计的,即 ETO+。MTO 不需要在技术上做太多的修改,接到用户的订单之后,企业有相应的车型与之对应,只需要对车身颜色、内饰等做出一些改变即可。ETO 则是对每个订单进行重新设计,因为现有的产品满足不了用户的需求。我国客车行业的龙头企业宇通集团也提出未来要做到至少 80% 的订单处理是 MTO,20% 是 ETO,还有少量 ETO+。

目前该公司90%以上的订单处理采用的是ETO模式。

1.3.2 相似性原理

大批量定制的关键是识别和利用大量不同产品和过程中的相似性。通过充分识别和挖掘存在于产品和过程中的功能相似性、结构相似性和过程相似性,利用模块化等方法减少产品的内部多样化,提高零部件和生产过程的可重用性。

产品和过程中的相似性有各种不同的形式,如几何相似性、结构相似性、功能相似性、过程相似性等。通过对这些相似性加以归纳,形成标准的零部件模块、标准的产品结构和标准的事务处理过程,以供日后重复使用。这对于减少产品的内部多样化具有重要的作用。

1.3.3 重用性原理

在定制产品和服务中存在着大量可重新组合和可重复使用的单元(包括可重复使用的零部件和可重复使用的生产过程)。通过采用模块化等方法,充分挖掘和利用这些可重用单元,将产品定制生产过程通过产品重组和过程重组全部或部分转化为模块批量生产过程,从而以较低的成本、较高的质量和较快的速度生产出个性化的产品。例如,可重构制造系统通过重构,制造系统可以满足新零部件的加工和装配要求。又如,软件的可重用是在一个组件化开发平台上先预制和定制多个软件组件、中间件以及相关构件库等功能模块,然后像生产零部件一样开展组件的规模化批量生产。

1.3.4 全局性原理

实施大批量定制是一项工作量很大、难度很高的系统工程,不仅与制造技术和管理技术有关,还与人们的思维方式和价值观念有关。大批量定制需要决策者看得远、看得深、看得宽,需要有全局优化的目标和思维,并且这个"局"做得越大越好,效果也越佳。

越来越多的企业采用范围经济(economy of scope,又称品种经济)的发展战略,即通过企业扩大所提供产品或服务的范围会使经济效益增加。这种经济效益缘于多品种生产能降低市场不确定性的影响,增加产品销售量,因此将多种相关产品组合起来生产比将这些产品彼此独立生产更为经济。范围经济的优点主要有:

(1) 利用其他产品已有的资源或生产要素,以较低的成本生产出新的产品。通过增加相似产品的种类,可以显著增加企业的利润,增强企业的竞争优势。

(2) 向用户提供更多的选择机会,使用户的需求得到更好的满足,从而增加了产品的销售量。例如,家电企业通常生产系列产品和各种变型产品以满足不同用户的需要。

(3) 降低企业对市场预测的不确定性。人们发现,通过产品多样化,可以增大用户的效用偏好与产品特征集的相符程度,从而降低企业对市场预测的不确定性。

范围经济存在的问题主要有:

(1) 多品种生产导致零部件种类急剧增加,增加了产品成本控制难度。

(2) 多品种生产导致零部件库存管理难:一方面库存积压严重;另一方面难以快速找到产品所需要的零部件,使生产周期延长。

从图1-7可以看出,产品交货期和库存是矛盾的,产品模块化有助于化解这一矛盾。

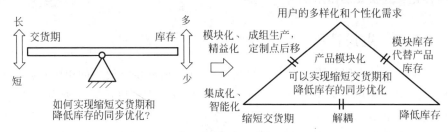

图1-7 产品模块化可以实现缩短交货期和降低库存的同步优化

实现缩短交货期和降低库存的同步优化需要一种空间全局观,即用尽可能少的通用模块代替尽可能多的个性化模块,以变型出尽可能多的产品品种,其优化目标是在满足用户需求的同时,使相似产品的总成本最低、总的交货期最短且保证质量,如图1-8所示。

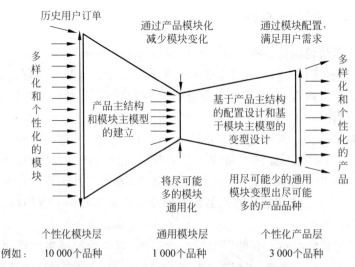

图1-8 用尽可能少的通用模块,代替尽可能多的个性化模块,变型出尽可能多的产品品种

1.3.5 产品全生命周期总成本最低原理

产品价值链的各个环节是相互关联的。很多情况下,在减少了某个环节成本的同时,可能增加了另外环节的成本,最后总起来算,总成本反升不降。因此,在实施大批量定制时需要对产品价值链进行整体优化,这时就需要特别强调总成本思想。这是一种时间全局观。

在分别对产品价值链各个环节进行优化以后,通常能使整体得到优化。但是,由于现代制造系统是一个非线性系统,在某些情况下,部分最优之和并不一定能得到整体最优。例如,根据价格最低的采购原则,采购员从市场上采购最廉价的零部件。这样做是否一定能保证获得低成本的产品呢?从表面上看,价格便宜的零部件降低了产品的成本,但是廉价的零部件经常会使其他成本(如质量成本、服务成本和使用成本等)增加。又如,如果廉价零部件的生产厂家距离总装厂较远,还需要较高的运输费用,同时,由于管理上的不便,还会产生一些其他成本,到最后可能总成本反而增加。因此,企业必须以一种总成本的思想来考虑设计、采购、制造、销售和服务中的成本,即产品全生命周期成本(life cycle cost,LCC),如图1-9所示。

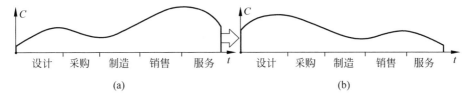

图1-9 产品全生命周期总成本最低的思想

(a) 设计和采购的成本低,但销售和服务成本高,最终总成本高;(b) 设计和采购的成本高,但销售和服务成本低,最终总成本低

案例1-6 为了考虑模块的通用性,西门子工业汽轮机对模块的尺寸采取了上限值,以便适用于不同的工况(蒸汽压力和温度)。例如,从降低材料成本的角度来看,西门子工业汽轮机的汽缸过于笨重,如果用于低压汽轮机,汽缸壁厚度起码可以减薄一半,也就是说可以减少一半的钢材消耗。但是如果考虑木模的统一和重用、批量预制、简化加工、便于维修等所带来的成本降低,钢材的消耗则可以忽略不计。

1.4 思考题

(1) 除教材中的案例外,请举例说明模块化方法如何降低产品生产成本。

(2) 除教材中的案例外,请举例说明模块化方法如何缩短产品生产周期。

(3) 请比较定制生产、大批量生产和大批量定制生产的特点。

(4) 除教材中的案例外,请分别举例说明 STO,ATO,MTO,ETO 的原理和过程。

(5) 用户订单分离点后移策略和用户订单分离点前移策略各自的优点和问题是什么?

(6) 产品模块化的空间全局观和时间全局观各是什么?请举例说明。

(7) 请举例说明产品模块化中的相似性原理。

(8) 请举例说明产品模块化中的产品全生命周期总成本最低原理。

部分关于大批量定制的网站　　部分关于大批量定制的专著　　部分关于大批量定制的文章

第2章

产品模块化概述

2.1 产品模块化的发展概况

2.1.1 国外产品模块化概况

国外产品模块化概况见表 2-1。

表 2-1 国外产品模块化概况[14]

时 间	产 品	特 点
1700 年前	欧洲城砖——城墙的基本模块	长、宽、高分别为 104cm、52cm 和 35cm,比例约为 6∶3∶2,组合成各种形状和尺寸的城墙
1900 年	德国家具公司的书架	设计了几种不同尺寸的架体、底座和顶板构件,用它们可以组成满足不同使用者对不同规格尺寸的"理想书架"的需要
1920 年左右	弗里茨-韦尔纳(Fritz-Werner)公司的铣床	产品按功能分解成模块,可以很方便地组装出满足用户需求的产品
1920 年左右	德国联合车床厂的车床	模块化主轴箱系统共有 63 个不同的齿轮,可以通过选择、搭配组合成 60 种不同的主传动系统,分别用于丝杠车床、光杠车床、六角车床以及卧式深孔钻床等不同产品
1920 年	北欧的货车公司斯堪尼亚(Scania-Vabis)的货车	实施了不同货车车型之间的部件通用化,既实现了多品种生产,又降低了管理成本、提高了生产效率
1930 年	德国的机床	提出了"模块化构造"的设计方法,用这种方法设计制造的机床具有很好的经济效益
"二战"期间	德国的 U 形潜艇	划分为 6 个模块的模块化船体
20 世纪 50 年代	欧美国家的一些大学	正式提出模块化设计理论,模块化设计成为各类机械产品研发中普遍采用的一种现代化设计方法

续表

时间	产品	特点
1964 年	IBM 的模块化计算机系统 IBM/360	提高了计算机的创新和改进速度及效益,而过去是相互依赖型设计,产品中任何一个元件的改变都会引起整个系统的变化
20 世纪 60 年代		出现了模块化的工业汽轮机、模块化集装箱、模块化武器系统等[15]
20 世纪 70 年代	瑞典 Linden 公司的回转塔机	采用 61 个标准模块和一些非模块零件组合成 4 万多种不同性能的回转塔机[16]
20 世纪 70 年代	德国德马格(Demag)公司的单梁吊车	单梁吊车改为模块化设计后,其设计费用仅为单台设计时的 12%,生产成本降低 45%
20 世纪 70 年代	国际电工委员会(IEC)的电子设备尺寸系列标准化	电子设备尺寸系列标准化工作为电子设备模块化奠定了基础
20 世纪 80 年代	日本索尼公司的随身听	仅利用 4 个基础平台的 Walkman 产品,生产出 250 余种录音机随身听,无论在价位、功能和款式上都有很大的区别,可以满足用户的各种不同需求
20 世纪 90 年代	德国大众公司的轿车	在 A 平台上开发了 4 个品牌的 10 多种轿车,分别在不同的大众公司分厂中生产

2.1.2 国内产品模块化概况

国内产品模块化概况见表 2-2。

表 2-2 国内产品模块化概况

时间	产品	特点
1041—1048 年	北宋时代毕昇发明的活字印刷术	在雕版印刷中运用了模块化的基本方法和原则
1958 年	哈尔滨工业大学的积木化机床	研究车、钻、镗、铣、刨、磨机床的共性和个性,设计积木化机床,并且取得了成效[17]
20 世纪 70 年代	原北京第一机床厂的模块化龙门铣床	应用模块化设计原理进行龙门铣床新产品的开发设计,取得了一定的成果
20 世纪 70 年代	原杭州汽轮机厂的模块化工业汽轮机	引进西门子公司三系列工业汽轮机的积木块技术
1983 年	中国重型汽车联营制造厂的卡车模块化	引进斯太尔模块化 91 系列车型
20 世纪 90 年代	原上海仪表机床厂和上海市机床研究所的仪表车床模块化	通过合理规划和组织,在较短时间内完成了 13 个品种的设计和制造

续表

时　　间	产　品	特　　点
1989—1991 年	原机械电子工业部的模块化设计项目	把 86 项模块化设计项目列入"机械电子工业第一批产品现代设计计划表"中，涉及机床、加工中心、磨具、照相机、泵、电表、电机等，发布了多项指导性技术文件，为解决模块化设计与生产管理提供了帮助
20 世纪 90 年代	原国防科工委的武器装备模块化	为缩短武器装备研制周期，提高其质量、可靠性和综合保障能力，把开展模块化技术的研究与应用作为发展国防科技和武器装备的一项基本政策，投入巨资，全面开展军事装备模块化的研究、设计、试制工作
20 世纪 90 年代	模块化理论研究	国内开始对模块化理论进行系统研究[18,19]

2.1.3　大批量定制和产品模块化的演化路线

有的企业是从过去的大批量生产模式转向大批量定制生产模式，如汽车和家电企业；有的是从过去的单件定制生产模式转向大批量定制生产模式，如船舶和工业汽轮机企业；有的是从过去的多品种中小批量生产模式转向大批量定制生产模式，如机床和航空企业。不同企业的大批量定制深度是不同的，但它们的发展方向是相似的。[20]

1. 从单件定制生产到大批量定制生产

传统单件定制生产满足了用户的个性化需求，但是由于需要根据用户的特殊需求组织生产，由此产生周期长、产品成本高和质量不稳定等一系列问题。产品模块化通过产品模块的通用化和标准化，以模块的不变和少变应对产品的多变，有助于解决这些问题。

(1) 舰船。将舰船分解为具有标准尺寸的标准件，且主要部件是具有可选性的最终产品的预制单元，包括：自持式模块、依附式模块、分布舾装件等。模块化造船技术的优点主要是：设计重复使用；简化了舰船制造过程；有利于综合后勤保障，便于舰船布置、拆装、改装和维护；在车间批量制作舰船模块，节省舾装费用；实现流水化造船，提高船台利用率。

(2) 工业汽轮机。工业汽轮机的输入（进汽压力和流量等）和输出（转矩、转速等）都是不同的，用一些基本积木块加上少量的定制零部件可以组合出各种定制的工业汽轮机，缩短了设计和制造周期，降低了成本。

(3) 组合机床。组合机床是由通用部件及少量专用部件组合起来的高效率专用机床，分为大型组合机床和小型组合机床两类，有单面、双面、三面、卧式、立式、倾斜式、复合式、多任务位回转台式等不同形式。组合机床的通用部件、通用零件和标准件占70%~90%,包括多位主轴箱、可换主轴箱、编码随行夹具、自动更换刀具、可编程控制器(PLC)、数字控制(NC)等,能任意改变工作循环控制和驱动系统,满足高效、高质专用生产线的需求,快速、低成本地适应不同品种的产品加工。

(4)制药工厂设备。现代制药工厂把生产设备(包括工艺设备和净化设备等)做成一个模块。缩短工厂建设周期,确保质量要求和成本控制。

(5)模块化建筑。模块化建筑又称装配式建筑,是把传统建造方式中的大量现场作业工作转移到工厂进行,在工厂加工制作好建筑用构件和配件(如楼板、墙板、楼梯、阳台等),运输到建筑施工现场,通过可靠的连接方式在现场装配安装而成的建筑。模块化建筑主要包括预制装配式混凝土结构、钢结构、现代木结构建筑等。

2. 从大批量生产到大批量定制生产

我国一方面要继续发展大批量生产,提供价廉物美的产品;另一方面要大力发展大批量定制生产,为用户提供多样化、个性化的高端产品。

(1)汽车。采用模块化平台,同一汽车企业中不同类型汽车的零部件通用率在70%左右,主要零部件之间有标准化接口,通过通用零部件自由组合可形成不同类型的汽车。目前,国外汽车企业之间加强合作,建立跨企业模块化平台,使更多的零部件可以通用。例如,日本三菱汽车公司与日产汽车公司和五十铃汽车公司、丰田汽车公司与标致雪铁龙集团及通用汽车公司等的合作等,主要目的之一就是降低零部件采购成本,提高通用零件的重用。

(2)家电。伊莱克斯公司推出可根据用户要求自由选配零部件的冰箱。用户不仅可以根据需要选择不同容积、不同功能特点的冰箱,还可以根据自己的审美要求、家居装饰的特色选择不同的色彩、图案和材质,按照自己的意愿自由组合。海尔集团在网上电子商城推出用户个性化定制栏目,在这里用户可以根据自己的需求配置自己喜欢的冰箱和计算机。

(3)发动机。1996年,福特汽车公司发动机部总工程师顾永平率先在汽车工业历史上实现了发动机的模块化设计,对6缸、8缸、10缸和12缸等不同规格发动机的结构进行了重组,使绝大部分组件能通用,以尽量少的组件实现最多种类的组合。这项成果不但使发动机本身的生产工艺得到简化,而且也带动了生产线结构的革命,即不同规格的发动机可以在同一条生产线上加工。而在此前,不同型号的发动机各有专门的生产线,不能互相利用。经常发生的情况是有的生产线闲置,有的却忙得不可开交,既浪费了生产能力,又贻误了商机。这种双重损失每年都要达到数亿美元。

3. 从多品种中小批量生产到大批量定制生产

(1)通用机床。通用机床中有不少独立的通用部件,如进给箱、主轴箱、导轨副、丝杠副、齿轮齿条副、位置反馈装置、防护装置等。通用机床模块化的特点是:

充分考虑产品扩展、变型的可能,在结构、尺寸等方面统筹考虑,留有空间;各部件间保持相对的独立性;产品系列化。

案例 2-1 德国因代克斯(INDEX)公司的模块化车削中心:由用户决定需要哪些功能,用户可根据自己的要求在多种通用模块中挑选,如不同类型的床身、主轴、刀塔、尾架、中心架和上、下料系统等。[21]

(2) 飞机。面对结构复杂、品种繁多、零件数以百万计的大型民用客机,波音公司将飞机中的零部件分为 3 类:第 1 类零部件为基本的、稳定的无个性零部件,第 2 类零部件为用户的可选件,第 3 类零部件为用户特定的零部件。由于第 1、2 类零部件的数量占一架飞机工作量的 90% 左右,所以在接到订单时,90% 的制造工作量已经完成或接近完成,这就大大缩短了生产周期,也降低了库存量和生产成本。

又如,美国的联合攻击机有一个通用的飞机平台,在此基础上衍生出 3 种不同的型号,以满足用户不同的需求。模块通用性超过了 80%,降低了成本。

(3) 工业机器人。模块化工业机器人平台由一套具有不同尺寸和性能特征的通用模块组成,如控制模块、伺服模块、关节模块、连杆模块和传感器等,通过这些通用模块能快速装配出最适用于完成给定任务的工业机器人,具有柔性高、容错性强和自修复能力强、成本低等优点。

(4) 起重机。起重机有许多个性化的需求,如起重量、所处的空间、所操作的范围、运行线路等。因此,模块化就成为起重机设计发展的方向之一,如维特轻型起重机标准组合系统 HB。

(5) 变电站。模块化变电站是针对面广量大、建设工期紧迫、安全质量风险加大的变电站基建提出的一种高效、可控、标准、节能、环保、经济的先进变电站建设模式。其特点是:①变电站整体全绝缘、全封闭;②高中压主回路采用插接式结构,站内没有高压引线构架;③各种功能单元实现工厂模块化制作,生产过程实现工厂预制化;④设备参数统一,对设备制造厂家而言,可以减少大量的低水平重复开发费用,而对电网企业,则可以加快变电站建设,提高设备运行的可靠性。标准化设计、模块化组合、工业化生产、集约化施工使变电站建设走向科技含量高、资源消耗低、环境污染少、精细化建造的道路。

2.2 产品模块化总体模型

2.2.1 产品研发、模块化和定制设计的关系模型

产品研发、模块化和定制设计的关系模型如图 2-1 所示。产品研发阶段通过理论研究与应用,以及大量的实验,获得产品研发知识,开发出新产品,同时进行产品模块化、标准化和系列化,建立产品模块化设计平台。当接到用户订单时,就可

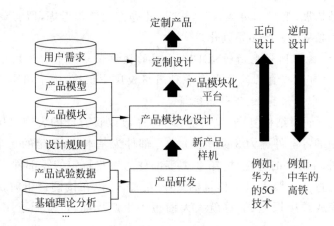

图 2-1　产品研发、模块化和定制设计的关系模型

以进行快速、低成本的产品定制设计,包括产品配置设计和变型设计。这一过程称为正向设计。

我国的许多企业是逆向设计,先是引进国外某种型号的产品,或是根据用户需要开放某一定制产品,即所谓的"一品一设计""单打一"模式。后来由于生产的产品型号多了,这样的开发模式费钱、费时,才开始考虑产品模块化设计平台的建设。要想进行全新产品的开发就需要进行基础理论的研究,需要开展大量的实验来掌握产品创新所需要的知识。我国制造业要向高端发展,就需要开展正向设计,其过程如图 2-1 所示。

2.2.2　产品模块化的过程参考模型

产品模块化方法的过程参考模型如图 2-2 所示,这是《机械产品模块化设计规范》(GB/T 31982—2015)所推荐的模型。可根据具体需要选择其中的全部或部分功能块开展产品模块化设计。

产品模块化基本概念间的关系如图 2-3 所示,这些概念将在后面介绍。

2.2.3　产品模块化平台和架构

这里主要以汽车行业为例介绍产品模块化平台和架构的概念。

1. 汽车模块化平台[22]

汽车模块化平台是指汽车从开发阶段到生产制造过程中的设计方法、设备基础、生产工艺、制造流程乃至汽车核心零部件及质量控制的一整套体系。通过平台化,车企可以通过共享部分零部件和技术,大幅降低车企的研发和生产成本。同时,一个布局合理、技术可靠的汽车平台也是车企做大做强的重要保障。下面给出汽车模块化平台的案例。

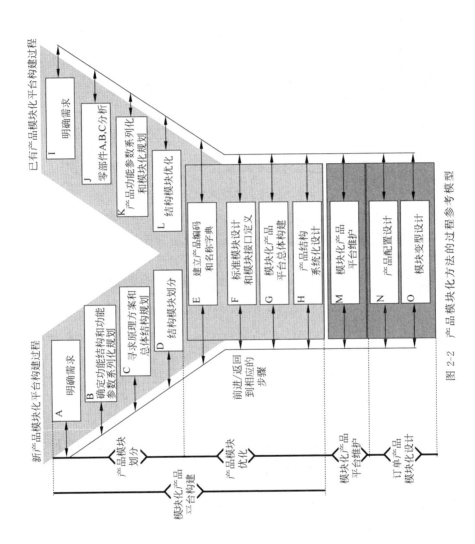

图 2-2 产品模块化方法的过程参考模型

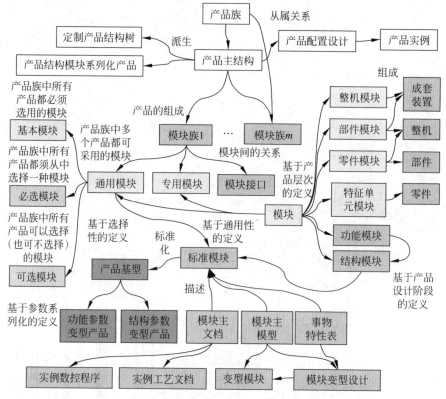

图 2-3　产品模块化基本概念间的关系

案例 2-2　大众集团的 MQB 平台(modular querbaukasten,横置发动机模块化平台)2009 年开始启用。该模块化平台在大众、奥迪、斯柯达和西雅特 4 个品牌中得到广泛应用,并生产 A00,A0,A,B 4 个级别的车型。MQB 平台的产品都可以采用模块化生产系统(modular production system)共线生产。

大众集团的 MLB 平台(modularer langsbaukasten,纵置发动机模块化平台)的主要特点是发动机纵置。发动机纵置有利于后驱汽车的驱动轴布置,但也要求其放置的空间要足够大,结构比起横置复杂得多。所以一般 MLB 平台造的都是豪车。

案例 2-3　富士康的 MIH(mobility in harmong,和谐流动)模块化纯电动平台于 2020 年 10 月推出。客户可以在 MIH 平台上选择轿车、SUV、MPV 等车型的底盘设计,根据自己的意愿定制车身轴距、动力、电池容量等个性化方案。MIH 平台还是软件定义的开放平台,可以帮助客户以 OTA(over-the-airtechnology,远程无线控制)升级的方式改善车辆的一些功能和特性。[23] MIH 平台拥有很高的自由度,软件/硬件、自动驾驶等部分可实现灵活定制。同时该平台的软件/硬件也对其他汽车公司开放。[24]

案例 2-4　日产的 CMF(common module family,通用模块族)平台,包括发动

机舱、乘员舱、前部底盘、后部底盘以及电气架构5个模块。

2. 产品模块化架构

产品模块化架构是由汽车制造厂商设计的，不同级别、不同类别、不同车身底盘架构、不同电气系统等共用的产品架构，是模块化平台的升级版，在涵盖模块化平台能力的同时，还可以让产品拥有独特性和自由度。下面给出汽车模块化架构的案例。

案例2-5 丰田TNGA(toyota new global architecture，丰田新全球架构)于2012年打造，涉及汽车研发、设计、生产、采购等全产业链价值。TNGA带动工厂自动化、车型模块化，对企业运营全流程的变革，可以看作是精益生产方式的全新升级。通过减少研发、制造、销售等全流程的浪费，提升全业务流程的运行效率，在更低的成本和更高的盈利情况下，实现整个企业的良性循环。

在TNGA之下，市场销售人员、设计师、工艺师、生产管理人员等实现无缝集成，TNGA也摆脱了传统平台的束缚。例如，大众汽车零件无法做到跨"MQB"和"MLB"平台的更大通用性，生产线也无法做到公用。而TNGA则在研发阶段就尽可能地考虑到零件的通用性，其生产模式的柔性程度也更高，可实现多款车型的共线生产。[25]

案例2-6 吉利的CMA(common modular architecture，通用模块化架构体系)可以在满足大量趋同消费者需求的同时，还能够打造出个性化、差异化的小众产品。

综上所述，产品模块化设计平台和架构的建立不仅需要分析已生产过的产品的各种变化，还需要对未来产品的各种变化进行预测和分析，提炼出共性的模块。产品模块化设计平台和架构的主要内容包括：

(1) 产品族的主结构，描述了基础模块、通用模块和专用模块的关系，可以按照用户的需求进行定制产品的配置设计，降低产品成本。

(2) 产品通用模块的主模型和事物特性表，描述了模块变化的关系，可以按照用户的需求选择定制产品所需要的模块，开展变型设计，降低产品成本。

(3) 模块化设计规则，规定了产品配置设计和变型设计的规则。

(4) 产品实例化模型，可以用于相同或相似产品的需求，使设计资源重用，显著降低成本和交货期。

2.3 大批量定制与产品模块化的优化模型

2.3.1 大批量定制的二维优化模型

1. 产品维(空间维)和过程维(时间维)的优化

大批量定制需要从产品和过程两个方面对制造系统及产品进行优化，即产品维(空间维)和过程维(时间维)的优化。产品维优化的主要内容是产品模块化,包括：①区分用户的共性和个性需求；②区分产品结构中的共性和个性部分；③将产品中的共性部分进行归并处理；④尽可能减少产品中的定制部分。

过程维优化是基于产品维优化的基础,其主要内容包括：①区分生产过程中的大批量生产环节和定制环节；②尽可能减少定制环节,增加大批量生产环节；③将用户订单分离点后移。

2. 大批量定制优化模型间的关系

大批量定制优化模型间的关系如图 2-4 所示。

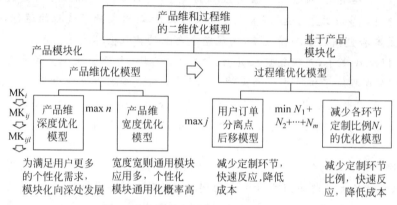

图 2-4 大批量定制优化模型间的关系

图 2-5 所示是一种面向大批量定制的定制量最小的二维优化模型,描述了大批量定制中产品维和过程维优化的基本原理。

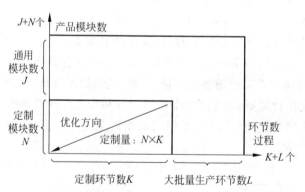

图 2-5 面向大批量定制的定制量最小的二维优化模型

图 2-5 所示的二维优化模型将产品中的模块分为两大类：一类是定制模块,其数量记为 N；另一类是通用模块,其数量记为 J。产品维的优化是尽可能减少定制模块数 N。

此外,图 2-5 还将产品的生产过程环节分为两部分：一部分是定制环节,其不

同环节的数量记为 K;另一部分是大批量生产环节,其不同环节的数量记为 L。过程维的优化方向是减少定制环节数 K。

综合来看,大批量定制的实质是要尽可能减小图 2-5 中的小矩形面积,即定制量 $N \times K$。因此,当给定一批产品时,从定制量最小的角度考虑,大批量定制的优化目标 F_1 是:

$$F_1: \min N \times K \qquad (2\text{-}1)$$

3. 面向大批量定制的二维优化模型

图 2-6 是图 2-5 所示模型的进一步细化。其中将各环节的模块分成两部分,即通用模块和定制模块。此处的模块可以是零件的结构要素、零件或部件。图 2-6 表明,大批量定制的优化目标是减少每个环节的定制量。[8]

2.3.2 产品维优化模型

在大批量定制中,需要根据市场预测,按照大批量生产方式生产用于组合产品的通用模块,在此基础上,根据用户订单的实际要求,通过对通用模块的配置和变型,为用户提供专用的产品。产品维优化的实质是产品模块化,可以分为:

1. 产品维深度优化模型

不同的产品或者同一产品中不同模块的产品维优化深度是不同的,如图 2-7 所示。在满足用户需求的前提下,通用模块越处于上层,成本就越低,生产周期就越短,即通用模块的粒度越大越好。当上层通用模块满足不了用户需求时,就需要采用专用模块,这样成本就高。而专用模块也可以进一步分解为通用子模块和专用子模块。其技术路线顺序如图 2-7 中的数字所示。

案例 2-7 惠普公司过去一直生产用于 Mac 和 DOS 系统的两种不同的喷墨打印机,后来又设计了一种两种系统通用的喷墨打印机,尽管通用打印机的材料成本有所增加,但库存却降低了 50%。此外,通用打印机使销售商只需要存储一种样品,而不是两种。结果绝大多数销售商都选择销售惠普公司的通用打印机,因为这样可以在库存不变的情况下同时为 Mac 和 DOS 用户服务,降低了库存成本和有关的人工费用,减少了库存空间。

横向的同层次(相同粒度)模块 MK 主要分为专用模块 MKI 和通用模块 MKC,其关系为:

$$\mathrm{MK}_i = \begin{cases} \mathrm{MKI}_i, & i=1,\cdots,q \\ \mathrm{MKC}_i, & i=q+1,\cdots,n \end{cases} \qquad (2\text{-}2)$$

……

式中　q——专用模块 MKI_i 的种类数量;

n——专用模块和通用模块的种类数量之和;

p——专用模块 MKI_{ij} 的种类数量;

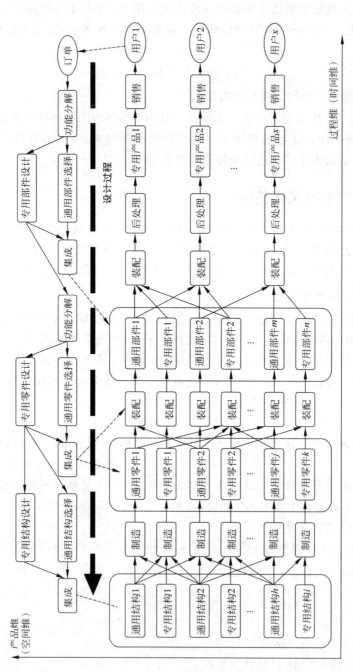

图 2-6 面向大批量定制的二维优化模型

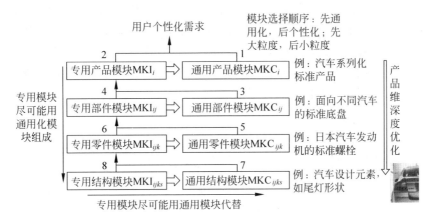

图 2-7 产品维优化的不同深度(图中的数字代表优化顺序)

m——专用模块 MKI_{ij} 和通用模块 MKC_{ij} 的种类数量之和。

纵向的不同层次(不同粒度)模块 MK 的关系如下:

$$MK_i = MK_{ij}, \quad i=1,\cdots,n, j=1,\cdots,m \tag{2-3}$$

$$MK_{ij} = MK_{ijk}, \quad i=1,\cdots,n, j=1,\cdots,m, k=1,\cdots,l \tag{2-4}$$

……

设用户需求

$$R_u = \begin{cases} 1, & 用户需求满足 \\ 0, & 用户需求不满足 \end{cases}, \quad u=1,\cdots,v$$

式中 v——用户需求的数量。

对于横向同层次(相同粒度)模块化的优化目标 F_2 是:

$$若 R_u=1, u=1,\cdots,v, \quad F_2: \min\{q,p,\cdots\} \tag{2-5}$$

其意义是对图 2-6 中横向的同层次(相同粒度)模块 MK 要尽可能用通用模块代替专用模块,以提高产品通用化率。

设 $i=1, j=2, k=3, \cdots$,纵向的不同层次(不同粒度)模块化的优化目标 F_3 是:

$$若 R_u=1, u=1,\cdots,v, \quad F_3: \min\{i,j,k,\cdots\} \tag{2-6}$$

其意义是对图 2-6 中纵向的不同层次(不同粒度)模块 MK 要尽可能选用通用模块的下层(小粒度)模块组成上层(大粒度)模块,以减少模块化深度。由于用户的个性化需求越来越多,模块化的粒度也越来越小,但尽可能以大粒度的模块满足用户个性化需求是提高快速反应能力和降低成本的重要方法。模块粒度越大,产品的层次就越少,企业生产管理的难度也会显著降低。

2. 产品维宽度优化模型

产品维宽度优化模型可以分为:

(1) 产品视角下的产品维宽度优化模型。产品维优化的宽度越大,一起优化的不同的相似品种产品越多,各产品中的通用模块比例越高,专用模块的比例就越低,如图 2-8 所示。例如,品种越多的汽车一起进行模块化,通用模块的比例就会显著增加。[20] 当然,随着不同相似品种产品数量的增加,通用模块的比例增加速度将减慢,因为专用模块的比例已经很低了。

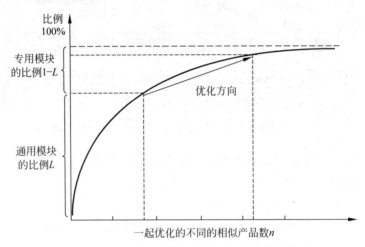

图 2-8　不同相似品种产品数与通用模块数的关系

产品维宽度的优化方向是:增加一起优化的不同相似产品数 n。一起优化的不同产品的相似度越高,相异的模块数就越少。因此,从产品维宽度优化的角度考虑,大批量定制的优化目标 F_3 为:

$$F_3: \max n \tag{2-7}$$

例如,过去德国戴姆勒-奔驰汽车公司与美国克莱斯勒汽车公司合并,其重要原因之一是使两家公司的零部件可以相互通用,从而每年可以降低 10 多亿美元的成本。

随着网络技术的发展,企业间的合作也会更加方便。因此,产品维优化的宽度也将越来越大,从而使大批量定制的效果更好。

(2) 通用模块视角下的产品维宽度优化模型。通用模块所应用的产品数量 n 越多,其批量越大,成本越低。

2.3.3　过程维优化模型

过程维优化可以分为两种情况:一种是用户订单分离点后移,另一种是减少生产过程中各环节的定制比例。

1. 用户订单分离点后移的优化模型

过程维优化的方向是将图 1-6 中的当前状态线移到目标状态线,即在满足用户需求的前提下,将用户订单分离点尽可能向生产过程的下游移动,降低由于用户订单中的特殊需求而在研制、设计、制造、装配及销售等环节中增加的各种费用。

设生产过程的总环节数为 m，大批量生产环节为 Y，定制生产环节为 X。对用户订单分离点后移的大批量定制优化模型可描述为：

$$\{Y_1,\cdots,Y_k,X_{k+1},\cdots,X_m\} \to \{Y_1,\cdots,Y_j,X_{j+1},\cdots,X_m\}, \quad m \geqslant j > k \geqslant 1 \tag{2-8}$$

式中　k——优化前用户订单分离点所处的环节顺序号；

　　　j——产品和过程优化后用户订单分离点所处的环节顺序号。

对应式(2-8)，大批量定制的优化目标 F_4 为：

$$F_4 : \max_{j \leqslant m} j \tag{2-9}$$

式(2-9)说明应将用户订单分离点尽可能靠近用户方。这样，企业可以根据预测预制一些通用模块，当用户订单下达后，企业只要花费少量的时间和成本就能实现产品的用户化，并且使企业的各级库存降到较低水平。

案例 2-8　意大利贝纳通(Benetton)公司不是先将棉纱染色然后制成服装，而是将印染过程与针织过程的顺序对调。企业先将未染色的棉纱制成不同尺寸的毛绒衫，然后再根据消费者的需求，或是当企业对该季节的色彩有更好创意时再将其染色，通过重新安排生产过程，有效地推迟了用户订单分离点，因而避免了大量的库存积压。

2. 减少生产过程中各环节定制比例的优化模型

实际生产中出现更多的情况是，模块化产品生命周期中各环节的定制生产只能减少，不能完全消除。在这种情况下，过程维的优化方向是减少各环节的定制比例，如图 2-9 所示。图 2-9(a)是减少各环节定制比例前的情况，图 2-9(b)是减少各环节定制比例后的情况。[20]

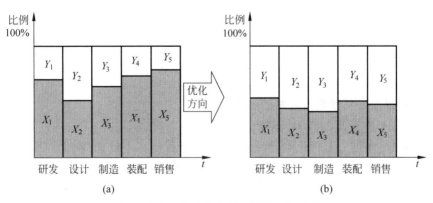

图 2-9　减少各环节定制比例的优化模型
(a) 减少各环节定制比例前的情况；(b) 减少各环节定制比例后的情况
Y—大批量生产环节的比例；X—定制生产环节的比例

设 $x_1, x_2, \cdots, x_m$ 为各环节中定制生产量的比例。当考虑到每个环节都有定制和非定制的生产时,大批量定制的优化目标 F_5 为:

$$F_5: \min x_1 + x_2 + \cdots + x_m \tag{2-10}$$

2.3.4 产品批量、时间和成本关系的解耦模型

1. "铁三角"的解耦

在传统制造系统中,当产品质量一定时,产品批量、时间和成本是三个高度相关的优化目标。但是,通常情况下很难同时对三者进行优化:减少了产品批量,则成本提高,交货周期延长。所以,产品批量、时间和成本构成了一个紧密耦合的"铁三角"。大批量定制要求将"铁三角"解耦,使三者同时优化。为此,可以通过产品模块化,增加产品模块批量来达到这个目的,如图 2-10 所示。产品个性化程度与产品批量成反比,因此产品个性化程度、时间和成本也构成了这样一个紧密耦合的"铁三角"。

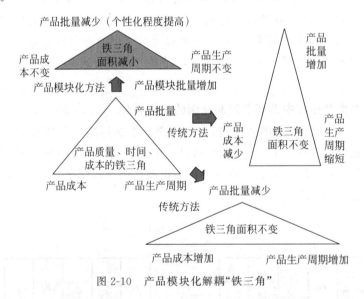

图 2-10 产品模块化解耦"铁三角"

2. 产品个性化程度与成本的解耦

产品个性化程度与成本的解耦优化方法有:

方法 1 增加一起优化的产品数 n,即优化目标 F_3,见式(2-7)。因为一起优化的不同产品越多,各产品中共性部分的比例就越高,批量越大,个性部分的比例就越低。

方法 2 增加产品中的通用模块(部件、零件和结构要素),减少专用模块,在保证产品外部多样化的同时,尽可能减少产品的内部多样化,以提高产品模块的批量。

设产品中的通用模块数为 m,专用模块数为 k,定制产品中 $k \neq 0$,则优化目标 F_6 为:

$$F_6: \max \frac{m}{k} \tag{2-11}$$

3. 产品个性化程度与时间的解耦

(1) 产品个性化程度与时间的关系。制造系统中的产品个性化程度与时间的关系如图 1-6 所示。定制点的左面环节为大批量生产环节,其特点是预测型的、面向库存的。当用户发出订单以后,面向订单的生产过程是从定制点开始启动的。设整个生产过程有 m 个串联的定制环节,T_i 表示第 i 个定制环节所需的时间,则总的定制时间 T 为:

$$T = \sum_{i=1}^{m} T_i \tag{2-12}$$

式(2-12)描述了产品个性化程度与时间的耦合关系,即产品个性化程度越高,定制的深度越深,产品定制环节 m 越多,总的定制时间 T 就越长。

(2) 大批量定制中产品个性化程度与时间的解耦优化方法为缩短个性化产品定制时间 T,主要有两种优化方法:

方法 1 使式(2-12)中的串联定制环节数 m 尽可能小,即优化目标 F_7 为:

$$F_7: \min m \tag{2-13}$$

在满足用户个性化需求的前提下,将图 1-6 中的产品定制点向下游移动,即增加大批量生产环节数,减少定制生产环节数,从而缩短产品的生产周期。

方法 2 减少各定制环节的时间 T_i,$i=1,\cdots,m$,使 $T = \sum_{i=1}^{m} T_i$ 最小,即优化目标 F_8 为:

$$F_8: \min T_i, \quad i=1,\cdots,m \tag{2-14}$$

2.4 思考题

(1) 除教材中的案例外,请分别举例介绍从过去的大批量生产模式转向大批量定制生产模式的企业、从过去的单件定制生产模式转向大批量定制生产模式的企业、从过去的多品种中小批量生产模式转向大批量定制生产模式的企业。

(2) 除教材中的案例外,请举例说明产品模块化平台在模块化中的作用。

(3) 在面向大批量定制的二维优化模型中,产品维和过程维的优化目标分别是什么?优化的主要方法是什么?

(4) 产品模块化是如何实现产品批量、时间和成本关系解耦的?

部分关于模块化的网站   部分关于模块化的专著   部分关于模块化的论文

第 3 章

产品模块划分方法

3.1 产品模块划分的目的和过程

产品模块划分的目的是将整体式的产品分解为模块化的产品。产品模块具有不同的粒度,按从大到小的顺序分为整机、部件、零件、特征单元等模块。图 3-1 描述了不同粒度产品模块划分的内容和目的。[20]

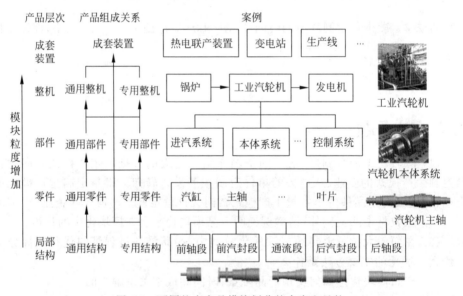

图 3-1 不同粒度产品模块划分的内容和目的

3.1.1 成套装置模块划分

成套装置是指整机/部件模块组成的实现某种功能的系统,可以是设备、工段、生产线、车间、工厂。[26]成套装置中的整机模块是具有完整功能、可独立使用的产品,有时还包括部件模块。

1. 模块化工厂

工厂由设备、厂房、空调、供水、供气等模块组成,这些模块是在制造企业中批量化生产和测试,然后运输到工厂建设现场组装而成的。一般能降低30%左右的成本,并提高了工厂的建设速度和质量。例如制药厂、化工厂、移动实验室等。

案例 3-1　移动实验室模块化如图 3-2 所示,这里有整机模块,如仪器设备、实验设施等,也有部件模块,如载具、温湿度控制系统、集中控制系统、信息化交互系统、安全模块、标识模块等。[27]

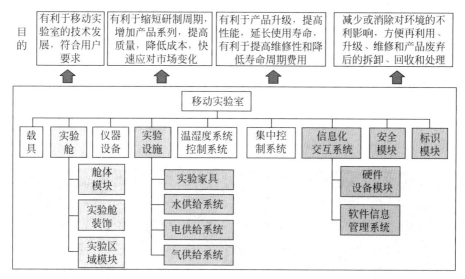

图 3-2　移动实验室的模块组成和模块化的目的

2. 成套设备

成套设备中有多种既独立又关联的设备,用来共同生产某些产品或完成一定的任务及功能,如电站、炼钢、棉布生产、化工等行业的成套设备。成套设备的模块化是使各种设备快速重构以满足不同需求,同时便于专业化分工制造和集成,如模块化变电站等。

3. 整体解决方案

整体解决方案即"一站式"服务,包括企业为用户配齐解决某一工程问题所需要的各种产品和服务。例如,图 3-3 所示的杭州机床集团的高铁超长铁轨表面磨削服务。

4. 多整机并联装置

一些整机有不同的输出需求,为了减少整机的种类,形成较大的批量,可以采用少量的通用整机模块通过并联集成来满足个性化的输出需求,如模块化中央空

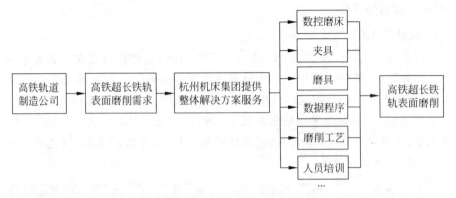

图 3-3　杭州机床集团的高铁超长铁轨表面磨削整体解决方案服务

调等。多整机并联装置是由多个通用整机并联组成的,具有较大的应用灵活性、可重构性和可扩充性,同时整机的通用性得到显著提高,使批量增加,制造成本降低,如模块化锅炉。[28]如图 3-4 所示的中国运载火箭的组成方案中既有助推火箭模组(整机)的捆绑并联组合,又有箭身模组(部件)的串联组合,其目的是用最经济的方式完成不同重量物资的发送任务。

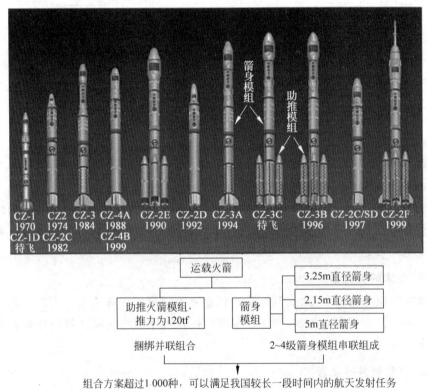

图 3-4　中国运载火箭的组成方案

3.1.2 整机模块划分

整机是一种独立使用的产品,如工业汽轮机、家电、汽车等,具有明显的功能和结构独立的特点。面向整机的部件/零件模块划分是将整体式整机变成模块化整机,把整机产品按功能和结构分解成不同用途和性能的模块,并使接口(结合要素形状、尺寸等)标准化,然后选择不同的模块配置成满足不同要求的整机产品。

整机的模块划分强调模块的独立性和相似模块的互换性,同时也便于借鉴以往的设计成果。

1. 以机械部件为主的整机模块划分

这方面的模块化研究较多,典型案例有机床、工程机械、坦克、船舶、飞机、汽车、工业机器人等。许多机械标准件是部件模块,如标准轴承、减速器、电机等。图 3-5 描述了工业机器人的模块组成及其关系。[29] 结构模块的进一步详细分解见相关国家标准。[30]

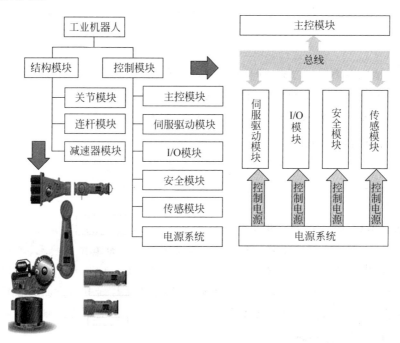

图 3-5 工业机器人的模块组成及其关系

2. 以电子器件为主的整机模块划分

这方面的典型案例有计算机、手机、人造卫星、无线通信整机的模块化等。电子器件的模块化和标准化程度普遍较高,因为制造过程复杂,批量生产成本可以大幅度降低,其典型模块如芯片、存储器、主板等。

案例 3-2 无线通信整机模块化设计:为了便于组织生产各种个性化的整机,

一些无线通信整机厂已逐步将电路板的"大板"结构改成按功能划分的"小板"结构,可在部分产品中共享,并设计了本厂专有的"母板",在企业的所有整机中共享。[31]

3. 以软件为主的系统模块划分

因为产品、生产过程等的不同,工业软件大多具有个性化的特点。为了降低个性化软件系统的开发成本、缩短开发周期,以软件为主的系统模块化的发展方向是:

(1)模块化,又称组件化,即通过模块的配置或变型可以快速开发出个性化的软件系统。

(2)标准化,即模块的接口协议尽可能标准化,支持模块的集成以及软件系统的集成。

(3)可重构性,即基于软件模块可方便地进行二次开发重构,以便满足系统的新需要。

(4)可扩展性,即原有软件可以通过增加新的模块来满足系统的新需要。

(5)平台无关性,即软件系统中各模块相互独立,能够很容易地独立开发专用模块。

(6)适应网络操作方式,即具有一种较好的通信和接口协议,使各自相对独立的功能模块通过通信实现信息交换,满足实时控制的需要。

目前工业软件模块化的发展方向是工业 APP(应用软件)。

4. 可重构制造系统

可重构制造系统是美国敏捷制造战略中的重要研究内容之一,能够快速适应不同产品的制造,具有很好的经济性和灵活性。模块化技术是可重构制造系统的核心技术。

案例 3-3 Rogers 等人提出的模块化生产系统(Modular Production System,MPS)实质上也是一种可重构制造系统,其模块包括:加工机器基元、工业机器人基元、模块化驱动单元、模块化刀具和夹具以及可配置的控制系统等。可以通过建立一个租赁公司,向有关企业提供各种模块,快速建立起制造新产品的系统。当企业不再生产该产品时,该系统可以容易地拆除,并将各模块退还给租赁公司。[32]

5. 多部件并联的整机

多部件并联的整机的原理和目的类似前述的多部件并联的成套装置。

案例 3-4 斯堪尼亚发动机的独立式汽缸:[33] 斯堪尼亚开发新型发动机都是从优化单缸发动机开始的。斯堪尼亚通过不断地更新单缸发动机的结构,严格评估和改进每一个变化的设计细节,使得发动机具有最佳特性曲线的功率输出。只要将经过无数次调试得出的这一临界范围运用到多缸发动机上,即可方便地提高多缸发动机的整体性能和品质。独立的汽缸盖有许多优点,因为当一个汽缸盖负责多个汽缸,尤其是 3~6 个汽缸时,就会严重地限制其进气道和排气管的开发和优化。这是由于冷却和紧固装置影响了汽缸盖的设计。但斯堪尼亚独立式汽缸并不受这些因素的影响,并在选择设计方案时得到了最大的回旋余地,真正做到了快速换气。

6. 撬块装置

撬块是一种面向快速装配的模块。在条件恶劣的海上作业、野外作业环境中,人们希望快速安装工程装置,而撬块在工厂制造完成,运到现场后可以在很短的时间内装配成所需要的工程装置,同时确保安装质量。

案例 3-5 天然气井口气回收场站的撬块化装备采用分合撬的方式,将各工艺设备分为相对独立又有密切关系的多个单元,每个小撬能实现一个工艺要求,并可根据不同的需求进行拆分、组合、调换,组成一个完整的放空天然气回收处理站。同时,当放空量递减时可将各撬装设备调迁到其他零散井重复利用。其特点是有利于缩短设计周期、节约采购成本及时间、实现工厂化制造、提高工程质量和工作效率。

3.1.3 部件模块划分

部件主要由部件/零件模块组成。对于复杂产品,其部件可以分为若干级。面向部件的部件/零件模块化是将部件模块化进一步划分为粒度更小的部件或零件。

零件是组成部件(或整机)的、具有独立功能和标准接口的单元。零件是结构独立的最小元件。

(1) 以机械零件为主的部件模块划分。许多标准件就是零件模块,如标准螺栓、垫圈、螺母等。

(2) 以电子元器件为主的部件模块划分。电子元器件的模块化和标准化程度很高,如电阻、电容、晶体管等。

(3) 多零件并联的部件。其原理和目的类似前述的多部件并联成套装置,如图 3-6(a)所示,图 3-6(b)为模块化并联电机的案例。[34]

3.1.4 零件模块划分

零件还可以进一步分解为若干结构单元模块,结构单元模块并不具有真正独立的功能和结构,但其通过模块化可以化繁为简,将个性化的零部件变为通用结构单元的组合,降低设计和制造成本。

1. 复杂零件的通用和专用结构单元模块划分

一些复杂的专用零件可以进一步分解为通用和专用结构单元模块,其目的是:简化设计,通用结构单元模块的模型可以重用,提高产品的模块化水平,有助于与

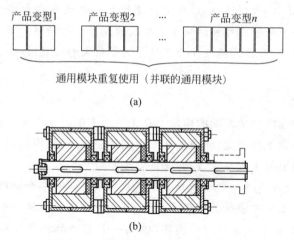

图 3-6 模块化并联电机的原理及案例
(a) 多零件并联的部件；(b) 模块化并联电机的案例

通用结构单元模块关联的其他零部件模块的标准化，降低制造成本。

案例 3-6 模块化工业汽轮机的主轴：工业汽轮机的主轴是工业汽轮机中最重要、精度最高、最复杂的多台阶轴，并开有许多叉形槽、工形槽和汽封槽，精度要求很高。为了便于配置设计和加工制造，将主轴零件在逻辑上分成 5 个不同的结构段，即前轴段、前汽封段、通流段、后汽封段和后轴段。其中通流段是专用结构单元模块，其余是通用结构单元模块，既满足了产品的个性化需求，又实现了零件最大限度的通用化。具体如图 3-7 所示。

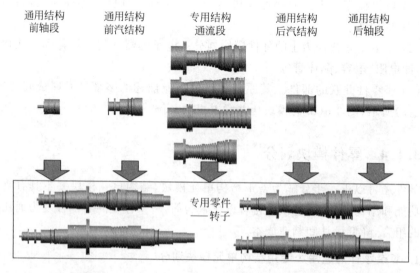

图 3-7 工业汽轮机主轴零件结构单元的模块化[35]

2. 面向标准的零件结构单元的模块化

不同零件中的一些相似结构单元,如键槽、导向槽、花键槽、锥齿面等,加工方法比较特殊,重复出现的概率高,因此可以将其结构单元和技术要求标准化,以便重用,有助于提高设计质量,降低制造成本,减少刀具、夹具和量具的品种规格,提高所对应零件的标准化程度,从而提高生产率和经济效益。图 3-8 描述了一个面向标准的零件结构单元的例子。

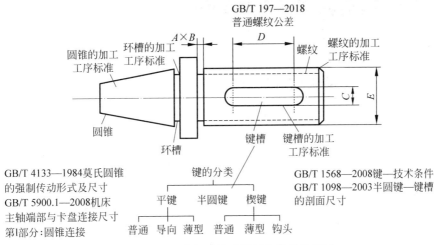

图 3-8 一个面向标准的零件结构单元的例子

3. 面向交互式 CAD 的零件结构单元的模块化

将一些常用的零件结构单元进行模块化,建立相应的零件结构单元模块库,可用于支持交互式 CAD 系统。具体如图 3-9 所示。

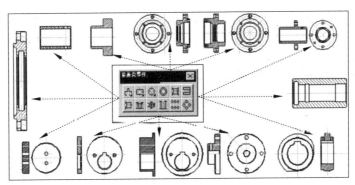

图 3-9 由零件结构单元模块得到的各种不同的盘盖类零件[36]

4. 工业设计中设计元素的模块化

工业设计中的设计元素具有独立性(设计视角)、通用性、可重用性等,可以视为一种特殊的结构单元模块,如沃尔沃汽车的设计元素有:温和的前脸、V 形发动机罩、贯穿车门的突出肩部、尾灯形状等,如图 3-10 所示。

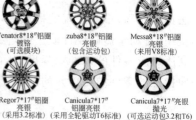

图 3-10　沃尔沃汽车的设计元素

3.1.5　产品模块划分的过程

图 3-11 描述了产品模块划分的过程。

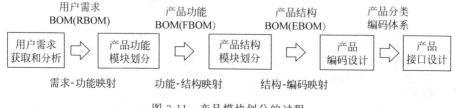

图 3-11　产品模块划分的过程

3.2　用户需求的获取和分析

对企业而言,首先是确定正确的产品,其次才是正确地开发产品。了解用户需求是确定正确产品的关键。产品模块化设计主要是由用户需求驱动的。用户有终端用户即消费者,如家电用户,也有企业用户,如家电企业是家电零部件企业的用户。

3.2.1　用户需求的分类体系

从大批量定制的角度对用户需求的分类如图 3-12 所示。

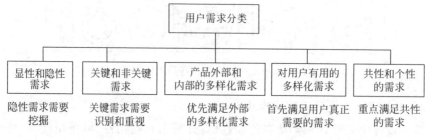

图 3-12　用户需求的分类

(1) 显性和隐性需求。显性需求是用户直接表达的需求。由于用户的知识结构、习惯、文化背景等不同,其需求往往采用不同的词汇描述,需要进行标准化和统一化,以便大家理解。隐性需求应把控:①用户难以描述和表达的需求;②用户潜意识的需求,即看到别人的描述立即唤醒这种需求;③用户想不到的需求,见到产品后,喜出望外。

(2) 关键和非关键需求。企业首先要满足用户的关键需求,这是"雪中送炭"。然后才是满足非关键需求,这属于"锦上添花"。

(3) 产品外部和内部的多样化需求。产品外部的多样化需求即用户可以感受到的、比较关注的产品外部多样化需求,如汽车的车身式样、换挡方式(自动、手动)、车顶(敞篷、硬顶)、颜色(蓝色、黑色、红色……)、座椅(布质、皮质)……其他选择(ABS、GPS……)等。产品内部的多样化需求即在产品制造和分销过程中企业可以感受到的产品内部多样化。用户对产品内部的多样化需求往往不关心,如汽车的底盘。因此可以采用模块化和标准化以减少产品内部的多样化。

(4) 用户在意的、有用的多样化需求。例如,能够使用户对产品更加满意的有用的选项、不同的风格以及不同的规格等。应该在成本和生产效率允许的范围内,尽量增加有用的外部多样化。有些多样化对用户来说是表面性的、不重要的,有些甚至是令人不知所措的,这就需要减少。

(5) 共性和个性的需求。用户的共性需求需要采用对应的基本模块或者必选模块以满足之。需要注意获取核心用户群的需求,在此基础上,识别并提取用户群的共性需求。个性的需求是个别用户提出的需求,需要采用对应的专用模块以满足之。

3.2.2 用户需求的获取方法

产品模块化设计并不仅仅针对单一的产品,而是基于满足一类用户需求的产品族进行设计。因此,首先应通过用户调查分析确定目前企业应该关心的用户群,并设计出相应的产品族结构。[20]

1. 调查方法

(1) 市场调研。市场调研是最常用的方法。除了专门的市场调研人员外,企业还可以组织销售人员在与用户接触过程中进行现场调研。销售人员可以通过电子邮件、短信等方式随时将调研信息发送给企业相关人员。更好的做法是,提倡企业全员参与市场调研。

(2) 网络调研。以互联网为代表的网络为企业开展用户需求调研提供了良好的环境,使企业能方便地获取大量的用户信息,且所需成本低,用户覆盖面大。

利用网络,可以发布调查表,让用户选择;可以让用户在网上虚拟体验产品,并反馈意见;可以在网上销售产品过程中,跟踪分析用户的点击情况,了解需求等。有些产品特别适合网络调研,例如:窗户的网上协同设计,如 Anderson 公司;CD 唱片在网上的定制;图书的网上销售,如 Amazon 网上书店等。随着信息技术的发展,网络调研的费用也会越来越低。

(3) 销售数据分析。利用企业的销售数据,或者可以购买一些网商的销售数据,进行数据挖掘分析,从中了解用户的需求。在产品销售中可以发现很多用户的需求,利用这些需求信息可以使企业更好地为用户服务,争取更大的市场。

(4) 用户的产品使用环境调查。该项调查可以切身了解用户的潜在需求,设计出更能满足用户需求的产品。

案例 3-7 "宇通采集之旅":[37] 宇通客车试验中心的工程师开展了"宇通采集之旅"项目,通过用户的产品使用环境调查,详尽地掌握全国典型客车的使用条件,既为"因地制车"提供了依据,也能为用户带来质量更加稳定的产品。用户到宇通客车订车,销售人员可以迅速告诉用户应该选用什么样的产品、用什么样的组合来匹配可靠性最好或者经济性最好的产品。

2. 用户需求信息的主要内容

图 3-13 所示为用户需求信息的主要内容。

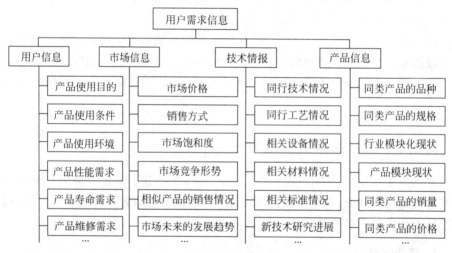

图 3-13 用户需求信息的主要内容

3.2.3 用户需求的分析方法

1. 质量功能配置(Quality Function Deployment,QFD)方法

这是一种用户需求分析方法,即把用户需求转化为设计要求、零部件特性、工艺要求、生产要求的多层次演绎分析方法,提供了一种用矩阵形式描述产品生命周期过程的工具,以此来表达产品的用户需求分析、开发设计、制造等一系列复杂过程中各种因素间的相互关系。质量功能配置的详细内容可参见相关著作,这里不

再赘述。图 3-14 为质量功能配置的主要内容。[38]

质量功能配置方法

2. 用户需求分类方法

用户需求分类方法的主要内容如图 3-15 所示。

3. 知识模块本体方法

用户需求很多也比较杂乱无章，往往表述不清楚、不完整，所采用的术语也不一致。因此需要对用户需求进行整理，去粗存精，去伪存真，由表及里。在这种情况下可以采用本体的概念及方法帮助整理。

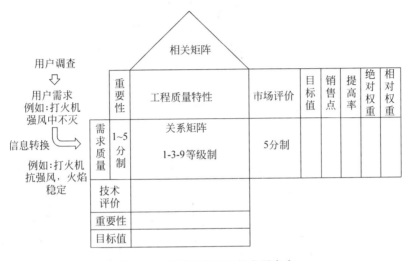

图 3-14 质量功能配置的主要内容

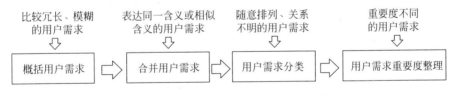

图 3-15 用户需求分类方法的主要内容

4. 数据挖掘分析

数据挖掘分析主要是通过数据总结、数据分类、数据聚类和关联规则等来发现数据中隐含的知识和规律。

3.3 产品订单数据分析

1. 产品系列型谱图

通过纵轴为产品的订单分布情况和横轴为产品主参数的订单分布情况所构成

的二维图称为产品系列型谱图。图 3-16 为各种型号的摆线针轮减速机的产品系列型谱图(市场销售情况)。

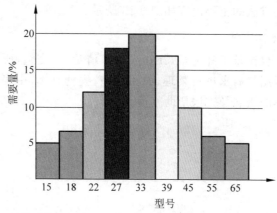

图 3-16　各种型号的摆线针轮减速机的产品系列型谱图(市场销售情况)

2. 零部件 A,B,C 分析

将产品的零部件按其特性分成 A,B,C 三类,如图 3-17 所示。

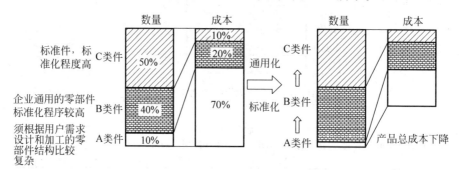

图 3-17　零部件 A,B,C 分析

3.4　产品功能模块划分

产品功能模块划分使用户需求进一步转变为产品功能。

3.4.1　产品功能模块划分的基本方法

1. 产品功能分解法

产品族功能的分解如图 3-18 所示。[39]

2. 产品功能目录法[40]

功能目录又称设计目录,是有规律地分类整理和存储设计过程中所需的大量

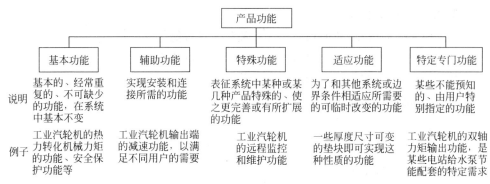

图 3-18 产品族功能的分解

产品功能信息,便于设计者查找和使用。功能目录具有信息完备性、可补充性及易检索性等特点,并适用于计算机辅助设计。功能目录的目的在更好地划分产品模块的同时在功能目录中形成便捷的功能和结构选项。功能目录的建立过程如图 3-19 所示。

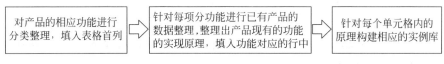

图 3-19 功能目录的建立过程

3. 功能分析法

该方法采用功能分析法完成产品层和部件层模块的功能结构图,深入分析产品的信号流、能量流以及物料流的流动方式。

4. 产品族主功能树

该方法根据用户的需求,建立产品族主功能树,确定其中的基本、必选和可选功能模块,建立功能配置规则,并与产品族主结构树进行映射,可适合于不熟悉产品结构的用户进行产品配置。

3.4.2 产品功能模块划分的基本原则

1. 模块独立性原则

(1) 模块应具有一定的独立性和从上层系统分离出来的可能性,具有清晰的、可识别的功能,可以通过更换模块组合成多种产品。

(2) 便于单独组织生产、售后服务、维修、升级更新和综合利用,模块的功能和性能可以被单独试验。

(3) 一般一个模块只应有一项功能,有时也可以有多项功能,但模块之间的功能尽可能不要交叉、共用。

2. 模块聚类优化原则

（1）模块内的信息、功能和结构等的关联度尽可能大。
（2）模块间的信息、功能和结构等的关联度尽可能小。
该原则的目的是简化产品结构，便于模块重用。

3. 功能模块划分顺序原则

（1）先整体，后局部。
（2）先主要，后次要。
（3）先功能，后结构。

3.5 产品结构模块划分

3.5.1 从产品功能模块到产品结构模块

产品功能是产品的外在表现，产品结构是产品的内在组成。产品功能可以有多种结构实现，如外部数据存储功能可以由优盘、移动硬盘等多种结构模块实现。一般优先按照产品功能划分模块，在功能模块已经清楚的情况下，再考虑按照结构模块划分，如图 3-20 所示。

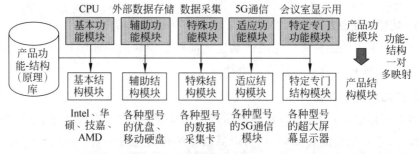

图 3-20 计算机产品功能模块和产品结构模块的对应关系

3.5.2 产品结构模块划分的方法

产品结构模块划分的目的是：力求以尽可能少的模块组成尽可能多的产品，并在满足用户要求的基础上使产品质量高、性能稳定、结构简单和规范、成本低廉，既要方便制造管理，又要考虑到该模块系列的可扩展性。

（1）结构模块划分的过程如图 3-21 所示。[20]
（2）产品生命周期不同阶段对模块的划分有不同的需求，相关知识和案例列于表 3-1。[20]

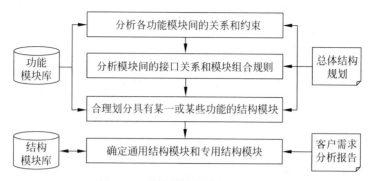

图 3-21 结构模块划分的基本过程

表 3-1 产品生命周期不同阶段对模块划分的需求知识和案例

阶段	如果(if)	则(then)	案 例
产品研发设计	如果某模块需要沿用在下一代产品中	则该模块应独立成一个通用模块,以便继承	电机模块往往可以延续使用
	如果某模块在产品生命周期中将不断发展,为了避免技术进步导致产品整个结构大变动	则需要将该模块独立成一个专用模块,以便不断发展	手机显示屏技术发展较快,可作为专用模块
	如果某模块受产品设计参数、性能影响较大,为了减小这些影响波及范围	则需要将该模块独立成一个专用模块	工业汽轮机主轴的通流部分受产品设计参数影响较大,可作为专用模块
	如果某模块受时尚、潮流等的影响较大	则为了减小这些影响波及范围,需要将该模块独立成一个专用模块	手机的外套受时尚、潮流等的影响较大
	如果某模块可以用在所有产品上	则需要将该模块独立成一个通用模块	轴承、紧固件等标准件
产品制造	如果某模块的制造过程比较特殊	则需要将该模块独立成一个模块	工业汽轮机的汽缸是大型非回转体,制造方式特殊
	如果产品中某些技术方案的制造过程相同	则可以考虑将该类模块组合成一个模块	如果一些零件可采用铸造方式得到,可以做成一个铸件
	如果某模块必须分开测试,或有独立的测试方法	则可以考虑将该模块独立成一个模块	计算机中的内存、CPU等有独立的测试方法
零部件采购	如果某模块可以由技术专精、价格便宜的供应商提供,且此技术与其他技术没有密切关系	则需要将该模块独立成一个模块	工业汽轮机的减速器有专业生产企业
	如果某模块仅由某些专业技术厂商提供	则需要将该模块独立成一个模块	工业汽轮机控制系统的供应商极少

续表

阶段	如果(if)	则(then)	案　　例
产品装配/安装	如果整机受运输、现场建设和安装条件的局限,难以运到现场组装	则需要将该产品分解为若干模块,在企业中制造好各种模块,将模块运到现场组装,以提高效率,保证质量	模块化核电站、大型变压器、船舶等
产品使用/维护	如果整机使用中经常需要通过更换模块以满足不同任务的需要	则这些模块可以独立成通用模块,以提高整机的可重构性和可扩展性	机床使用中经常遇到不同的零件和加工工艺
产品使用/维护	如果某模块损坏率相对高,或会损耗,需要经常独立维修或替换	则需要将该模块独立成一个模块	高铁的轴承损坏率相对较高
产品使用/维护	如果某模块有售后服务的需求,且需拆装	则需要将该模块独立成一个模块	工业汽轮机的滑动轴承使用一定时间后需要更换
产品报废/回收	如果某模块中存在某些对环境有害的物质,需要独立回收	则需要将该模块独立成一个模块	塑料件对环境有害,需要独立回收
产品报废/回收	如果某模块中存在某些高价物质,需要独立回收	则需要将该模块独立成一个模块	铜的价值高,需要独立回收

3.5.3　产品结构模块化的基本原则

产品结构模块化的基本原则主要有：[20]

1. 交互性原则

交互性原则主要包括：结构交互原则、能量交互原则、物质交互原则、信号交互原则和作用力交互原则。一般来说,两模块间的这种交互作用越大,它们就越应划分在同一模块中。例如,将尺寸易于变动的模块与相对固定的模块分离；将强电模块与强电模块放在一起,弱电模块与弱电模块放在一起等。这样不仅可以将零件间的功能、信息和物质等交互作用转化为零件内部的交互作用,还可以节约材料和便于废弃后的重用、回收与处理。

一般来说,可以基于以下准则进行零件合并：

(1) 零件使用同一种材料,或改进后可以使用同一种材料。

(2) 零件相互接触、无相对运动且有刚性连接。

(3) 零件中没有标准件、通用件和外购配件。

(4) 零件合并后不会影响产品的可拆卸性和可装配性。

2. 相似性原则

对来自不同产品的各种零部件进行相似性分析,将相似的零部件进行适当归并处理,设计为基本、必选、可选模块,通用或标准模块。

3. 层次性原则

产品模块划分的层次与模块粒度成反比,层次越多,模块粒度划分得越小。小粒度模块的通用性一般越高,但产品组成会更复杂,生产周期也会长;采用大粒度的模块,可压缩产品层次,简化产品结构,缩短产品制造过程和周期。这就需要对产品族生命周期成本和时间进行分析比较。

4. 基础件模块化优先原则

一些产品的基础件往往是产品的大件,大都是铸件或焊接件(如工业汽轮机中的汽缸等),成本相对较高、交货期较长,因此基础件模块化容易取得较显著的经济效益,需要优先考虑。具体如图 3-22 所示。

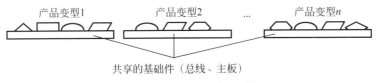

图 3-22 基础件模块化优先原则的示意图

3.6 产品模块划分评价

产品模块划分的目标是产品模块之间的相关性尽可能小,模块内部的相关性尽可能大,因此主要是对模块独立性进行评价。

1. 模块独立性评价指标 mdl

模块独立性又称模块可替换性、模块封装性等,其评价的目的是:提高模块的独立性,减少模块之间的相关性。

2. 模块独立性评价方法

产品的 m 个模块中的模块 i 与模块 j 的关联度为 $k_{i,j}$,其取值范围为 $0 \leqslant k_{i,j} \leqslant 1(1 \leqslant i \leqslant m, 1 \leqslant j \leqslant m)$。其中 $k_{i,j}=1$ 表示完全关联,$k_{i,j}=0$ 表示无关联,则该产品的模块功能结构关联度 mgl 为:[41]

$$\mathrm{mgl} = \sum_{i=1}^{m}\sum_{j=1}^{m} k_{i,j}/m^2 \qquad (3\text{-}1)$$

模块独立性 mdl 与模块功能结构关联度 mgl 的关系为:

$$\mathrm{mdl} = 1 - \mathrm{mgl} \qquad (3\text{-}2)$$

3.7 思考题

(1) 除教材中的案例外,请分别举例介绍基于整机、部件、零件、特征单元等的模块化。

(2) 大批量定制是用户需求驱动的,请举例说明目前产品个性化需求的发展趋势。

(3) 请举例说明产品的外部多样化和内部多样化。

(4) 零部件 A,B,C 分析的目的是什么?

(5) 产品模块划分的评价准则是什么?为什么?

第 4 章

产品模块优化方法

产品模块划分是产品模块化的第一步,更有价值的是产品模块优化,可以解决产品个性化带来的成本高、交货期长等问题。

产品个性化和多样化是当前产品的发展趋势,但不同产品中存在大量相同和相似的零部件,因此,产品模块优化的目的之一就是提高产品中相同(公用)和相似零部件的比例,降低专用件的比例。这样就不会因为个性化和多样化而造成产品成本和交货期显著增加。充分挖掘和利用产品中的相似性可以实现产品的模块化和标准化,从而减小产品和生产过程的复杂性,提高企业的反应能力和竞争能力。

图 4-1 所示为产品模块优化的过程,其具体内容下文进行介绍。

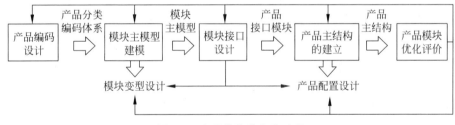

图 4-1 产品模块优化的过程

4.1 产品编码设计

4.1.1 产品编码的分类

建立产品编码是回答产品及其组成部分"如何描述"的问题,这是新产品/已有产品模块化设计过程所共有的环节。产品编码体系的作用是对整机、部件、零件等用字母或数字进行编码,以码代形,便于搜索、分类和统计。

目前常见的产品编码体系如图 4-2 所示,其发展趋势是选择 GB 10091 的分类码编码方法。[20]

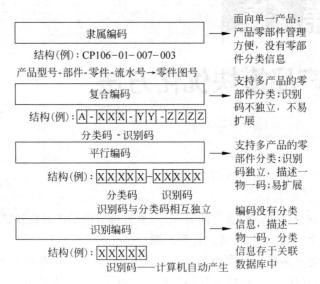

图 4-2 常见的产品编码体系

4.1.2 产品分类码

这里主要介绍一种平行编码体系,其编码由分类码和识别码两个相对独立的部分组成。这两部分编码有十分密切的联系,在使用过程中可以按照使用目的不同以各种组合方式出现,或者单独使用。

1. 分类码 SML-ID

分类码主要用于产品信息的分类,可以根据德国工业标准 DIN 4000(中国国家标准 GB 10091)的规定编制,由标准编号、分标准编号、分表编号和分图编号四部分组成,并根据实际需要做必要的扩充。例如,在 DIN4000 中,编号为 2 的分标准是螺钉和螺母标准;其下属编号为 1.1 的分表是"利用外部工具拧紧"的"有头螺钉"的标准;其下属编号为 1 的分图表示六角螺钉,下属编号为 39 的分图表示四角螺钉等等。图 4-3 给出了按照上述分类方法对六角螺钉进行分类的示例。图中 SML-ID 为 00-2-1.1-1 的六角螺钉的事物特性表中包括了不同螺纹直径和不同长度的所有六角螺钉,不同尺寸的六角螺钉分别具有不同的 Part-ID。[42]

2. 识别码 Part-ID

识别码主要用于对不同模块化产品信息的区分和标识,要求具有唯一性。通常采用由计算机自动产生的顺序编号作为识别码。如果企业已经建立零部件编码系统,则只要这些零部件编码是唯一的,也可以作为识别码使用。

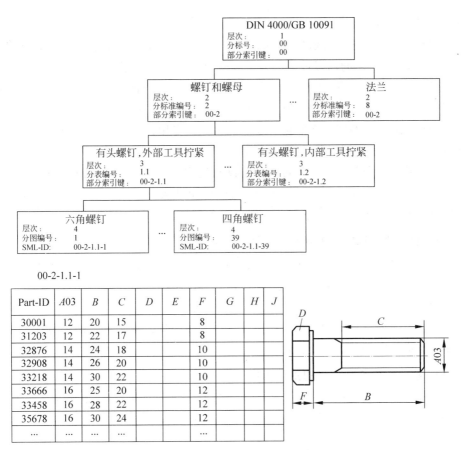

图 4-3 对六角螺钉进行分类示例

4.1.3 零部件名称

1. 零部件名称在模块化中的作用

零部件名称是对零件功能或结构特征的一种描述,尽管不规范、不完整,但因其简单直观,在产品模块化应用中仍有独特的作用。其作用主要是:[43]

(1) 支持零部件信息检索。在零件信息检索过程中,人们往往希望能快速找到所要求的零件信息。零部件名称索引文件在大部分情况下能较好地满足人们的需求,尤其是标准件和专用件的检索。但也存在如下的局限性:

① 由于一部分零部件名称定义的外延较广,结果所检索到的零件种类较多,它们的形状结构有较大变化。

② 一些零件结构相似,但因功能或其他因素不同而取的零部件名称也不同,这给相似件的检索带来困难。

③ 有时由于人们的习惯、经验等不同,对相同功能和结构的零件定义不同的名称,这也给零件信息的检索带来较大的困难。这些局限性通过零部件名称的规

范化可以部分克服。

（2）辅助零部件模块划分。零部件名称大多由词缀与词根通过修饰和被修饰的关系构成，被修饰的词根可以作为零件族的大类识别符，而零部件名称定义的外延相对于词根要小一些，因此可作为零件族的小类识别符。例如："杆"可作为零件族的大类识别符，而"拉杆""连杆"等可分别作为零件族的小类识别符。

（3）辅助零部件模块标准化。零部件名称在专用件的标准图册和标准工艺的制定、相似件的主模型图册和主文档的设计等方面也能发挥一定的作用。

事物总是一分为二的。零部件名称既有使用简便、符合人们习惯等特点，同时又有所包含的信息不全、不规范、主观性强、模糊性大等缺点。零部件名称要完全取代分类编码是很难的，只能作为一种重要的辅助工具。

2. 零部件名称应用中存在的问题

在企业多年的数据积累过程中，往往因为企业人员个人的主观因素或企业没有统一的名称规范体系而导致同一对象出现多个不同的名称，如同一六角螺钉，不同的设计人员会有不同的命名：定位螺钉、连接螺钉、紧固螺钉、支撑螺钉、调节螺钉等。这对零部件重用和成组生产造成了很大的困难。企业可以采用名称字典和本体方法进行零部件名称规范化。

3. 零部件名称规范化的主要工作

零部件名称规范化的主要工作包括：进行零部件名称分析、构建名称规范体系、制定名称规范原则和建立名称字典等。

4.1.4　产品语义编码

语义编码系统采用企业人员惯用的术语，经过定义和描述零部件特征，将其按一定的语义规则组织起来，也有人将其称为零部件特征信息的概念描述。其实质就是用自然语言而不是用代码表示零部件的信息。语义编码由于直观，其作用也越来越大。语义编码示例：

磨床-床头箱-主轴{圆柱体,长300,最大直径80}{阶梯轴,精度7,粗糙度1.6}{通孔,阶梯孔,精度7}

其中，"-"表示部分和整体的关系；"{　}"内给出了事物特性。编码还可以简化到只用一个或几个关键词来表示，如磨床-主轴。语义编码具有编码方便、容易理解和柔性好等特点。语义编码还可看成是产品特征名称码，可自动转化为字符码（特征代码）。

语义编码系统可以较好地满足分布化制造的需要，其特点有：

（1）适合不同企业和部门对零部件分类的需要。

（2）有很好的可扩展性和可维护性。

（3）简便易用。

4.2 模块主模型建模

4.2.1 模块主模型建模的基本概念

模块化建模是在全面分析和研究用户需求的基础上,根据模块划分结果开发设计面向模块族的主模型、由这些模块组成的产品主结构以及主文档。产品模块化建模是一个递归的过程。图 4-4 为模块主模型的建模过程。[20]

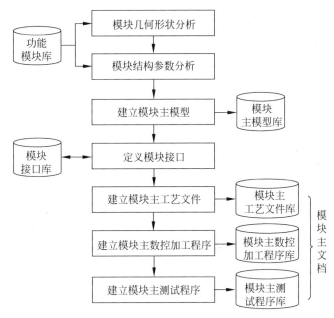

图 4-4　模块主模型的建模过程

4.2.2 模块几何形状分析

通过模块几何形状分析,可以充分挖掘存在于产品和模块中的几何相似性、结构相似性、功能相似性和过程相似性,发现相似的模块族。在对模块的功能分析、约束分析的基础上,建立具有代表性的模块几何模型,可以满足变型模块的功能要求和约束要求,支持变型设计,减少模块种类。

模块几何形状的复杂性是离散制造企业复杂性的根源,其导致了设计难度加大,工艺过程复杂、装配和维护困难等一系列问题。模块几何形状分析的目的是减少模块种类,在此基础上可以建立模块的主模型和主文档,建立产品的主结构,用尽可能少的模块组成产品,用尽可能少的工艺装备和尽可能标准的工艺过程加工和装配模块,达到成本优化和产品质量提高的目的。

企业在长期的设计活动中,由于技术和管理方面的种种原因,往往对实现类似功能的模块有多种多样的相似设计方案,从而形成了几何形状或拓扑关系相似的模块族。模块化产品建模设计技术通过对模块的几何形状分析,发现了这些相似的模块族,在对模块的功能分析、约束分析的基础上,提出具有代表性的模块几何主模型,使该模型能满足模块的功能要求和约束要求,为变型设计提供了结构基础。

4.2.3 模块结构参数分析

首先对参数的类型进行分类,如功能参数、工艺参数(如倒角、圆角和拔模斜度等);其次确认该参数是变动参数还是不变参数,并根据设计中的约束限制,如强度约束和稳定性约束等条件,进一步找出变动参数中可以不变的参数集合,归并到不变参数集合中。

案例 4-1 图 4-5(a)为轮式装载机液控分配阀支座板,其主参数为板长 L_a、板厚 t、板宽 L_b、分配阀安装螺孔位置定位尺寸 L_c 等,其余参数均可通过这 4 个主参数计算得到或者通过规定或受其他模块约束得到。通过如图 4-5(b)图形所示的参数变化,与相应的事物特性表结合,形成完整的、可以进行变型设计的分配阀支座板主模型。[44]

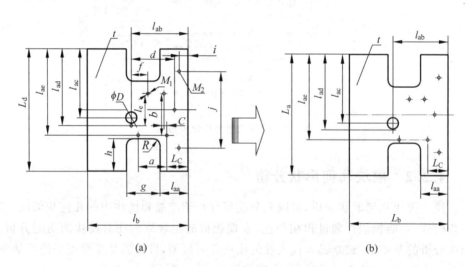

图 4-5 轮式装载机液控分配阀支座板主参数分析
(a) 轮式装载机液控分配阀支座板;(b) 分配阀支座板主模型

根据分析,支座板的参数分为:主要参数 L_a, t, L_b, L_c;固定参数 $a, b, c, d, e, f, g, h, i, j$;因变参数 $l_{aa} = 0.5 \times L_b - 142.25, l_{ab} = 0.5 \times L_b + 37.75, l_{ac} = 0.5 \times L_a + 47.5, l_{ad} = l_{ac} + 47, l_{ae} = 0.5 \times L_a + 155$。

4.2.4 模块主模型

模块主模型利用一些关键参数描述模块外形和尺寸之间的联系,主要由模块几何模型与相应的事物特性表组成。模块几何主模型及其参数用于描述模块族的统一特性和参数化尺寸,事物特性表用于描述模块族中各模块的具体尺寸及其特性。

产品具有层次性,因此有特征单元、零件和部件三个层次的模块主模型。特征单元的模块主模型如图 4-6(a)所示。在特征单元的基础上,构造基于"零件几何模型+事物特性表"的零件模块主模型和基于"部件几何模型+事物特性表"的部件模块主模型,分别如图 4-6(b)和(c)所示。[20]

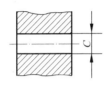

特征单元的事物特性表

Part-ID	A	B	C	D	E	F	G	H	J
68			8						
69			10						
70			12						

(a)

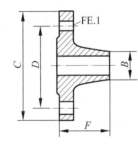

零件的事物特性表

Part-ID	A	B	C	D	E	F	G	H	FE.1
40000444		40	150	120		50			70
40000445		30	100	80		50			68
40000463		25	125	60		50			68

(b)

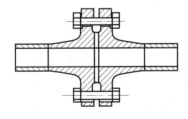

部件的事物特性表

Part-ID	K.1 法兰	H.1 管道	NT.1 螺栓	NT.2 螺母	NT.3 垫片
40000700	40000444	40000905	40000202	40000505	40000333
40000718	40000445	40000907	40000204	40000507	40000335
10000736	40000463	40000901	40000206	40000509	40000337

(c)

图 4-6 特征单元、零件模块和部件模块主模型
(a)特征单元的模块主模型;(b)零件模块主模型;(c)部件模块主模型

4.2.5 模块主文档

在变型设计中,所谓的主文档是各种模板的总称。利用不同的模板可以派生

出不同类型的文档。例如：

(1) 主工艺过程规划，即模块族的工艺过程规划模板用于派生模块族中某个模块的工艺过程规划。

(2) 主数控加工程序，即模块族的数控加工程序模板用于派生模块族中某个模块的数控加工程序。

(3) 主测试程序，即模块族的测试程序模板用于派生模块族中某个模块的测试程序。

4.2.6　基于模块主模型的变型设计

1. 变型设计（Variant Design）

变型设计又称变形设计、变异设计、参数化设计，是一种基于实例（模板）的推理设计技术、设计重用技术。在保持产品基本功能、原理和总体结构不变的情况下，根据用户需求，从已有产品的原型出发变异形成新的产品。在模块化设计中，需要通过"主模型+事物特性表"的方法控制产品变型的多样化，减少模块变型的数目。

2. 变型设计方法

变型设计方法可分为参数化设计、参数系列化设计、局部拓扑结构变型设计。

(1) 参数化设计。在不改变模块主要功能结构参数和结构配置的条件下，对模块基型重新确定尺寸，即模块尺寸的变型。对模块基型的重要尺寸，如定位尺寸、形状尺寸、关联尺寸等用参数表示，一旦模块需要进行变型设计，只需要更改相应的参数即可生成一个新的模块。

(2) 参数系列化设计。对模块参数变化进行标准化，形成标准系列化参数。在模块基型的基础上，可以快速进行系列化设计。模块系列化设计又可看作高度标准化的参数化设计。例如：模块化工业汽轮机中的各个标准模块以结构尺寸作为特征尺寸，特征尺寸的选择采用了 $R10$ 和 $R20$ 两个数系。

(3) 局部拓扑结构变型设计。在模块主模型的基础上，根据订单要求，对模块局部拓扑结构进行变型。

图 4-7 给出了法兰部件变型设计的原理。

法兰部件由法兰、管道、螺栓、螺母以及垫片等零件装配而成，例如，ID 号为 300108 的法兰部件是由 ID 号为 100112（法兰）、100397（管道）、400125（螺栓）、400253（螺母）和 400344（垫片）装配得到的。由此可以看出，部件是通过 ID 号将零件和子部件相互结合在一起的，同样零件法兰包含的形状元素通孔也是通过 ID 号和法兰相关联。ID 号为它们的标识号，在整个模块变型设计系统中具有唯一性。[42]

由于法兰和管道的主要参数以及法兰的形状元素通孔可以按实际需要取不同的值，从而方便地利用事物特性表对法兰和管道进行变型设计，并能快速生成变型后的法兰部件。

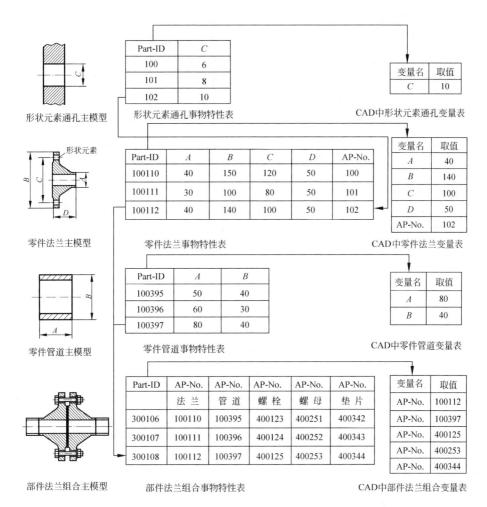

图 4-7 基于事物特性表的法兰部件变型设计原理图

4.3 模块接口设计

模块接口是模块间进行接合的特征集合,它通过一系列具有一定集合形状、尺寸和精度的边界结合表面实现模块与其他模块的物质、能量、信息交换及空间定位。

模块接口模型主要用于描述两个模块之间的装配关系,包括定位信息、配合关系、结合关系等,以保持产品结构的有序性和保证模块装配的快速性。模块接口模型应尽量采用标准接口模型,以利于提高产品的互换性。

模块之间的接口通常分为功能接口和几何接口。功能接口是指能量流、物料流和信号流等有关信息传递的手段、机构和方向。几何接口是指机械结构的连接关系。模块之间存在明显的接触面,因此有一定的配合要求。

在模块化产品中,由于各主要功能模块是现成的,因而接口设计往往成为模块化产品设计的主要内容之一。产品模块接口的设计水平直接关系到产品的可靠性和互换性等。模块接口设计考虑的重点是模块匹配问题,尤其是模块的外部接口直接影响到与其相关模块或外部设备的互连。模块接口设计要素应包含功能、结构等特性,例如:传送及接收属性,可测量值——扭矩、力、电压、电流等。

标准化的模块接口是指两模块之间的连接设计仅有一种,接口两端的模块实体可以多变,而接口的结构不需要改变。

模块接口设计的基本原则是:[20]

(1) 可靠性原则。模块接口的正常使用时间尽可能长,故障率尽可能小,接口的可靠性和寿命应高于所连接模块的可靠性和寿命。

(2) 稳健性原则。模块接口应适应尽可能多的不同模块;模块改进后,接口应仍可以使用;接口对干扰的抑制能力应尽可能强。

在将模块组装成一个产品时,如果总体布局和布线不合理,容易形成产品内部的相互干扰。有时各个模块的性能都是好的,但在组装和连接后产品的整体性能却变坏,甚至无法正常工作。

(3) 标准化原则。要求模块接口适合组装不同的模块;模块接口工艺性较好,标准化、通用化程度较高;模块接口构件和材料的品种尽可能少;模块接口的几何形状和接口材料尽可能统一;同一个模块族中的模块接口尺寸应相同,便于模块的替代更换。另外,还应考虑提高模块接口结构的统一性,以提高接口的工作效率,减少接口构件和材料的品种。

为了保证不同功能模块的组合和相同功能模块的互换,模块应具有可组合性和可互换性,这些特征主要体现在接口上,必须提高其标准化、通用化、规范化的程度。具有相同功能、不同性能的模块一定要具有相同的安装基面和相同的安装尺寸,才能保证模块的有效组合。例如,计算机由于采用了标准的总线结构,则来自不同国家和地区的厂家的模块均能组成计算机系统并协调工作,使这些厂家可以集中精力,大量生产某些特定的模块,并不断进行精心改进和研究,促使计算机技术得到快速发展。

(4) 安全性原则。安全性直接影响功能单元的日常使用以及操作人员的人身安全,应充分考虑维修空间及维修的安全性、方便性和效率。

(5) 融合性原则。例如:国外有些齿轮减速电机公司(如瑞士的 BBC 公司)将其变速模块后端面按标准立式电机的安装尺寸设计加工,这样,其外购的动力模块可直接安装于变速模块上,省略了接口模块,既经济,结构又紧凑。

(6) 冗余性原则。由于模块的功能必须考虑在一系列产品中互换的问题,因此某些模块的接口在某一个产品中有可能是冗余的,但是从全局的角度看这样做是值得的。比如,某商用车底盘和驾驶室之间的线束接插件,插槽一般有 160 个,而大部分车型上仅仅使用 120 个,这种功能的部分冗余带来的是很强的扩展能力和互换能力。

4.4 产品主结构的建立

4.4.1 产品主结构

产品主结构描述了一个可配置的、包括所有模块在内的模块化产品系统的组成情况,可以根据不同用户的需求,从产品主结构中派生出用户定制产品的结构。图 4-8 给出了一个产品的主结构示意图。

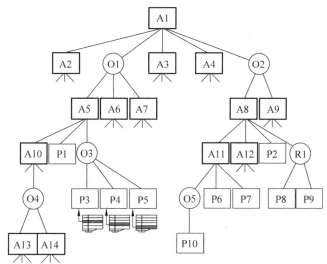

A—部件；O—必选模块的选择规则；
P—零件；R—可选模块的选择规则

图 4-8 一个产品的主结构示意图[42]

产品主结构面向产品族,包括基本模块、必选模块和可选模块。订单产品模块化设计时,可利用产品主结构选择所需要的模块。

(1) 基本模块,即组成一个产品时必须包括的模块,如工业汽轮机的主轴、汽缸、控制系统等。

(2) 必选模块,即必须按照一定的规则从产品主结构中指定的模块族中选择合适的模块组合到定制产品中。在图 4-8 中,O1 表示在组成部件 A1 时必须而且只能在 A5,A6 或 A7 中选择一个部件；O3 表示在组成部件 A5 时必须而且只能在 P3,P4 或 P5 中选择一个零件。典型的例子如某种轿车可以配置三种不同型号的发动机,但是在配置具体产品时只能从这三种型号的发动机中选择一种。又如,在工业汽轮机设计中,从若干不同厂家的适用控制装置中选择最合适的控制装置。

（3）可选模块，即可以按照一定的规则从产品主结构中指定的模块族中选择合适的模块组合到定制产品中。在图4-8中，R1表示在组成部件A8时可以但不是必须在P8或P9中选择一个零件。如在工业汽轮机设计中，可以根据用户的需求配置或不配置减速器部件。

为了帮助做出正确的配置选择，需要建立配置决策表。配置决策表是一个约束规则库（也可称为配置知识库），它定义了一系列的约束规则对象，包括具体的配置选择规则和选择逻辑，一般由四个区域组成：条件区、说明区、活动区和活动说明区。条件区中包含了所有用来检验决策情况的条件，说明区则是在一个约束规则列中对条件进行必要的说明，活动区中包含了根据条件所需执行的各种活动，活动说明区是在一个约束规则列中根据需要对活动进行必要的说明。

4.4.2 基于主结构的产品配置设计

1. 产品配置设计（Configuration Design）

产品配置设计又称组合设计、快速设计、模块集成，是一种基于产品主结构的模块重用技术，根据综合分析用户的需求，在产品设计性能和结构约束下，以产品主结构为基础，通过对不同功能和结构的模块组合进行可能性和合理性评价，组合出满足用户个性化需求产品的过程。其目的是通过对产品模块的配置来满足用户多样化和个性化的需求。

2. 产品配置设计方法

产品配置设计方法可分为产品功能配置设计法和产品结构配置设计法两种。

（1）产品功能配置设计法，即根据用户的需求，对产品族主功能树中的功能模块进行选择和配置，形成产品实例功能树。这种方法适合于不熟悉产品结构的用户进行产品配置。

（2）产品结构配置设计法，即根据产品主结构和产品配置设计知识或规则，选择用户需用的产品结构模块。

产品配置设计过程中需要用到大量的专业领域知识，知识表示及求解方法不同可导致产品配置设计方法在知识利用方式上的不同。常用的方法有：基于规则的方法、基于约束的方法、基于实例的方法、基于资源的方法、基于结构的方法及基于连接的方法等。

4.5 产品模块优化评价

4.5.1 模块化产品通用性评价

产品模块优化的目标是提高模块的通用性。模块通用性评价方法有多种，按照所依据的数据量从少到多、计算难度从小到大依次为：[45]

(1) 基于基本模块和通用模块数量的通用性评价 mty_1，其表达式为：
$$mty_1 = TM/TP \tag{4-1}$$
式中　TM——已知产品族不同产品中的基本模块和通用模块的种类数量；
　　　TP——不同产品中的所有模块的数量，包括基本模块、通用模块和专用模块。

显然，当产品中不同零部件都为基本模块和通用模块时，模块通用性为1。

(2) 基于基本模块和通用模块价值的模块通用性评价 mty_2，其表达式为：
$$mty_2 = TMV/TPV \tag{4-2}$$
式中　TMV——产品族不同产品中基本模块和通用模块的总价值，
$$TMV = \sum_{i=1}^{m_1} a_i$$
式中　m_1——基本模块和通用模块的总数；
　　　a_i——第 i 个基本模块或通用模块的价值。
$$TPV = \sum_{i=1}^{m} b_i$$
式中　m——产品族模块数；
　　　b_i——第 i 个模块的价值；
　　　TPV——产品族不同产品中的基本模块、通用模块和专用模块的总价值。

例如，汽车底盘和标准螺栓都是通用模块，但两者的价值显著不同。

(3) 基于模块重复使用次数的模块通用性评价，即通过模块在产品族不同产品中的重复使用次数进行评价。通过提高模块在不同产品中的重复使用次数，提高了模块的通用性和覆盖率。基本模块和通用模块在产品族不同产品中的使用次数越多，模块通用性越强，成本就越低。

模块 i 在产品 j 中第二次及以上次使用时 $k_{i,j}=1$，否则 $k_{i,j}=0$；m 为产品族中的不同模块数；n 为不同的产品数，则基于模块重复使用次数的模块复用性 mty_3 为：
$$mty_3 = \sum_{i=1}^{m} \sum_{j=1}^{n} k_{i,j}/m \tag{4-3}$$
即模块重复使用次数是 m 种模块在 n 种不同产品中的复用次数除以不同种类的模块数 m。

显然，当所有的模块在产品族所有产品中应用的话，$mty_3 = n-1$，当所有的模块在产品族所有产品中都只应用到一个产品时，$mty_3 = 0$。

(4) 基于模块重复使用次数和价值的模块通用性评价，即对模块在产品族不同产品中的重复使用次数进行评价，并同时考虑模块 i 的价值 V_i，则基于模块重复使用次数和价值的模块通用性评价 mty_4 为：
$$mty_4 = \frac{\sum_{i=1}^{m} \sum_{j=1}^{n} k_{i,j} V_i}{m \sum_{i=1}^{m} V_i} \tag{4-4}$$

4.5.2 模块化产品全生命周期成本评价

(1) 模块化产品全生命周期成本最低的目的。使产品全生命周期各个环节成本之和为最低,包括:产品开发、设计、采购、制造、装配、销售、运输、现场安装、使用、维护、拆卸、回收处理等环节。对于用户而言,产品全生命周期成本包括购买价格以及使用、维护、拆卸、回收处理等各个环节的成本。越来越多的用户要求产品生产企业提供产品全生命周期成本报价,以代替产品报价。

(2) 模块化产品全生命周期成本的评价指标如图4-9所示。[45]

(3) 模块化产品全生命周期成本的评价方法。产品模块化设计带来的产品生命周期成本平均减少率 ζ 为:

$$\zeta = (c_{01} - c_{02})/c_{01}, \quad \zeta \leqslant 1 \tag{4-5}$$

式中 c_{01}——模块化设计前产品生命周期的平均成本;
c_{02}——模块化设计后产品生命周期的平均成本。

或

$$\zeta = a_1 \zeta_1 + a_2 \zeta_2 + a_3 \zeta_3 + a_4 \zeta_4 \tag{4-6}$$

式中 a_1, a_2, a_3, a_4——权重系数,$a_1 + a_2 + a_3 + a_4 = 1$;
ζ_1——产品设计成本平均减少率;
ζ_2——产品制造成本平均减少率;
ζ_3——产品服务成本平均减少率;
ζ_4——模块材料和模块化平台成本平均减少率。

4.5.3 模块化产品生命周期中各环节耗费时间的评价

(1) 模块化产品生命周期中各环节耗费时间评价的目的。使产品全生命周期各环节时间之和最低,包括:产品开发、设计、采购、制造、装配、销售、运输、现场安装、使用、维护、拆卸、回收处理等环节。

(2) 模块化产品生命周期中各环节耗费时间的评价指标如图4-10所示。[45]

4.5.4 模块化产品质量评价

(1) 模块化产品质量评价的目的。模块化可使产品在其生命周期中平均质量得到显著提升。因为:①在模块化产品设计中,大量的模块是基本和通用模块,经实践验证,产品设计质量问题得到大幅度减少。②在模块化产品工艺设计中,可基于通用模块的典型工艺进行变型设计,有助于保证产品工艺质量。因为典型工艺是经过多次应用实践、不断完善的成果。③模块化设计有助于专业化分工设计和提高模块的质量。④产品模块化设计有助于提高基本和通用模块的生产批量,同时这些模块经过多次生产过程,也提升了产品的制造和装配质量。⑤由于模块容易

第4章 产品模块优化方法

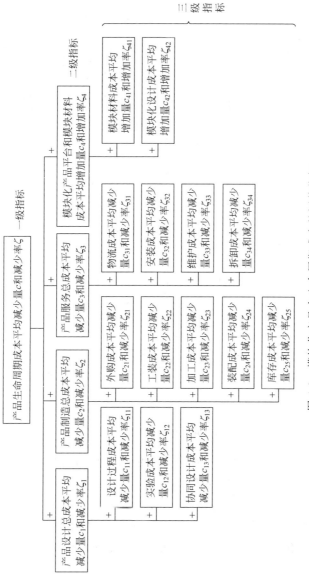

图4-9 模块化产品全生命周期成本的评价指标

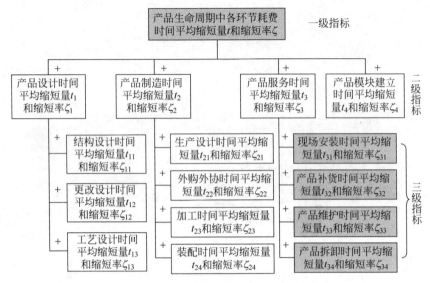

图 4-10 模块化产品生命周期中各环节耗费时间的评价指标

分解和更换，模块化有助于提高定制产品的服务质量。

(2) 模块化产品质量评价的指标如图 4-11 所示。[45]

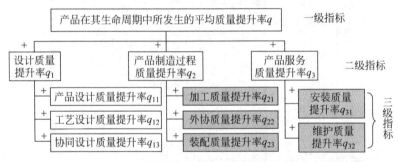

图 4-11 模块化产品质量的评价指标体系

产品质量评价指标采用产品生命周期中的质量平均提升率（也可称为质量问题平均减少率、错误平均减少率）q 表示：

$$q = (n_1 - n_2)/n_1 \tag{4-7}$$

式中　n_1——模块化设计前产品生命周期中的质量问题数量；
　　　n_2——模块化设计后产品生命周期中的质量问题数量。

或

$$q = a_1 q_1 + a_2 q_2 + a_3 q_3 \tag{4-8}$$

式中　a_1, a_2, a_3——权重系数，$a_1 + a_2 + a_3 = 1$；
　　　q_1——产品设计质量平均提升率；
　　　q_2——产品制造过程质量平均提升率；

q_3——产品服务质量平均提升率。

在模块化产品的设计、制造和维护中,由于大量基本模块和通用模块是经过实践反复使用和考验的,因而具有较高的质量。

4.5.5 模块化产品用户满意度评价

(1) 模块化产品用户满意度评价的目标。用户需求是产品模块化的动力,模块化产品可以显著提高用户满意度。因为:①模块化产品容易扩展产品功能,通过内部少量模块的不同组合可实现产品外部功能的多样化。②模块化可在低成本和短交货期的前提下,显著提高模块配置的个性化程度,以及基本和通用模块的变型能力。③用户参与设计正在成为产品设计的一种发展趋势,一方面可以满足用户体验的需求,另一方面有助于企业获取用户的需求。模块化产品模块间的关系比较简单,并且接口标准化,因此用户容易参与产品设计。用户参与设计的深度可分为配置设计、变型设计、自主设计等。④在模块化产品服役阶段,通过模块的快速升级等满足用户对产品性能的新需求和产品模块升级的需要。⑤模块的互换性好,可为用户提供较好的备品、备件服务。⑥对制造厂家来说产品基本和通用模块使用较多有助于降低使用时的故障概率。⑦产品模块的故障诊断相对容易,更换速度较快。

(2) 模块化产品用户满意度评价指标体系如图 4-12 所示[45]。

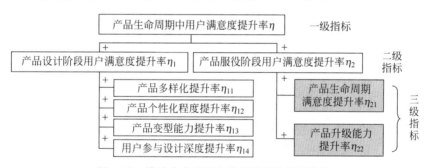

图 4-12 模块化产品用户满意度评价指标体系

满足用户多样化需求的评价指标主要是产品模块化设计带来的产品生命周期中的用户满意度提升率 η:

$$\eta = (u_{01} - u_{02})/u_{01} \tag{4-9}$$

式中 u_{01}——模块化设计后产品生命周期中的用户满意度;

u_{02}——模块化设计前产品生命周期中的用户满意度。

或

$$\eta = a_1\eta_1 + a_2\eta_2 \tag{4-10}$$

式中 a_1, a_2——权重系数,$a_1 + a_2 = 1$;

η_1——产品设计阶段用户满意度提升率;

η_2——产品服役阶段用户满意度提升率。

模块化产品通过模块的组合和变型,可较好地满足用户在产品生命周期中的多样化需求。

4.5.6 模块化产品整体评价

(1) 模块化产品整体评价的目的。产品模块化的最终目标是实现产品族整体最优,即产品族中各相似产品的质量、成本、交货期全面优化。根据模块对产品结构、性能、制造周期、成本等方面的影响,可以将模块分为重要模块和次要模块。这样可以突出重点,有利于提高模块组合后的效果。

模块划分应尽量考虑整个产品生命周期中各个环节的需求,比如工艺相似族、采购相似族和维修相似族等。但是,有的时候不同领域可能对某种模块划分的需求是相悖的,这就需要企业进行平衡,或者改变企业的业务模式以适应模块划分,或者暂时容忍这种划分的缺欠并作为以后优化模块方案的内容。

(2) 模块化产品整体评价的评价指标如图 4-13 所示。

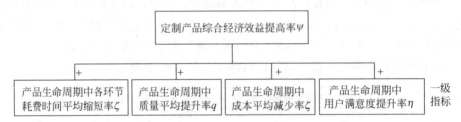

图 4-13 模块化产品整体评价的评价指标

模块化产品整体评价的评价指标 Ψ 为:

$$\Psi = a_1\zeta + a_2 q + a_3\zeta + a_4\eta \tag{4-11}$$

式中 a_1, a_2, a_3, a_4——权重系数,由专家打分或通过层次分析法确定,$a_1 + a_2 + a_3 + a_4 = 1$。

其他参数含义同前。

4.6 思考题

(1) 国家标准 GB 10091 的编码体系是一种什么结构的编码?
(2) 产品模块优化的方法是什么?
(3) 请举例说明什么是基本模块、必选模块、可选模块。
(4) 请举例说明什么是模块主模型。
(5) 请举例说明什么是模块主结构。
(6) 基于主结构的产品配置设计原理是什么?
(7) 产品模块优化的评价准则是什么?

第5章

产品模块化与智能设计、生产和服务

基于模块化的智能设计、生产和服务的作用如图 5-1 所示。

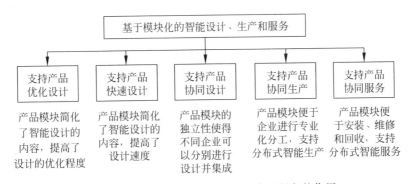

图 5-1 基于模块化的智能设计、生产和服务的作用

5.1 智能产品模块化方法

面对来自不同用户的订单数据、不同企业的海量产品数据,依靠传统的人工进行产品模块相似性和关联性识别越来越难。人工智能技术有助于产品模块相似性和关联性的自动识别。产品模块化智能方法体系的基本框架如图 5-2 所示。

5.1.1 产品名称语义编码建立的智能方法

1. 产品名称的多样性和模糊性问题

产品名称是人们对产品"画像"的一种简单实用的描述,例如,看到"螺栓""齿轮"等名称人们就知道是什么产品。对于复杂的产品,可以采用多种名称组合描述,如功能名称、结构名称、上位部件名称、主要参数等,形成产品名称语义编码,比

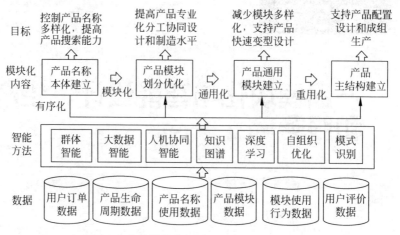

图 5-2　产品模块化智能方法体系的基本框架

较直观准确地描述产品的特征,以便于产品的搜索、分类、成组分析等。有的公司在采用数字字母码作为产品粗分类码的同时,还采用名称语义编码对产品进行比较详细的描述。但目前还存在如下影响产品名称使用效用的问题:

(1) 产品名称及关系的多样性问题。对同一种产品,人们往往有多种不同的名称,如"计算机"和"电脑",也往往有多种产品分解关系。

(2) 产品名称的模糊性问题。有些名称的模糊性太强、所覆盖的产品范围太大,如名称同为"盖""轴"的产品可能会差别很大。

(3) 产品名称组合描述的完整性问题。产品名称如何组合能够比较完整地描述产品信息,方便产品搜索、分类和重用等,还有待研究。

这种产品名称及关系的多样性、模糊性和描述完整性问题会给依据产品名称进行产品相似性识别和产品模块化带来较大的麻烦。

产品名称语义编码需要采用本体实现对同一产品概念的统一描述。一般可以将大家公认的名称作为标准本体,将其他同义名称作为关联本体,如"计算机"这一名称是标准本体,"电脑"这一名称是关联本体。产品名称本体将构成一张巨大的语义网络,节点表示各种名称或概念,边则由属性或关系构成。用户需求、产品功能和结构模块等也相互关联,也构成一张语义网络。详见图 5-3。

2. 产品名称本体建立中的难题

产品名称本体建立中的难题也是一般本体建立中的难题。例如,互联网刚出现的时候,人们就提出语义网的概念,认为未来的互联网是一种语义网,能够很聪明地回答用户的各种问题,但是到现在为止互联网也没有成为真正的语义网。人们输入一个搜索问题,常常会给出几百万个网页,其中绝大多数是无关的、重复的内容。其原因是语义网的建立需要手工进行,软件系统难以自动建立语义网。

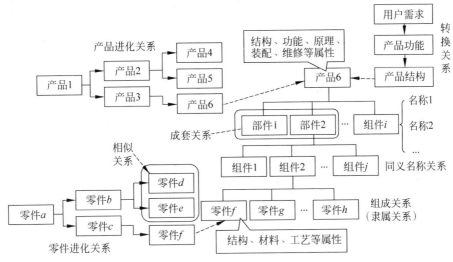

图 5-3 产品名称本体的关系和属性示意图

3. 产品名称本体建立的智能方法

本文提出的产品名称本体建立的智能方法包括基于群体智能的和基于大数据智能的两种方法。

（1）基于群体智能的产品名称本体建立方法。企业产品数据库、网络零件库等系统中有大量用户使用产品名称的行为，如产品名称本体的点击、使用名称本体作为产品标签、使用产品名称进行搜索等，对这些行为数据进行加权求和，得到各种产品名称的本体排名，用户可以根据排名选择本体。这种基于群体智能的产品名称本体建立与维护的智能方法如图 5-4 所示，其目的是减少人工建立和维护产品名称本体的工作量。该方法的特点有：

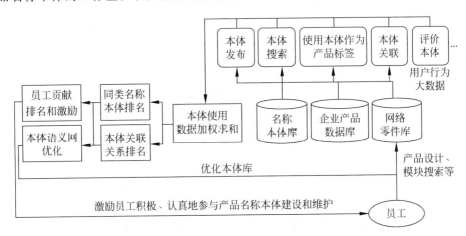

图 5-4 基于群体智能的本体建立与维护的智能方法

① 将产品名称本体评价活动与本体的日常使用活动相结合,如本体使用、新建、关联、评价等,不额外增加员工的工作量。

② 对产品名称本体的使用情况进行统计评分计算,给出使用次数排名,将常用的产品名称本体推荐给大家使用,促进本体的合理化。

③ 评价员工在产品名称本体建立工作中的贡献大小(如有的员工所建立的产品名称本体的使用人数和使用次数多,其贡献就大),并与员工的绩效考评相结合,使他们积极、认真地参与企业产品库和网络零件库中的产品名称本体的建设和维护。

这里所采用的是群体智能方法,即利用群体的优势,在没有集中控制、不提供全局模型的前提下,为寻找复杂问题的解决方案提供了新的思路,具有较大的健壮性、灵活性和经济性。

(2) 基于大数据智能的产品名称关联本体建立方法。除了用户大数据外,各种文档中的大数据也可以帮助企业进行产品名称关联本体的建设。

① 基于概念内涵相似性的本体建立方法。概念内涵是指概念所包含的内容,或者说是系统所包含的子系统。两个概念所包含的内容相似,则可以认为这两个概念相似。例如,"计算机""电脑"由相似的零部件组成,就可以判别它们是关联本体的可能性很大。

② 基于概念外延相似性的本体建立方法。概念外延是指该概念与其他概念在功能、外观等方面的相似程度。相似程度越大,这两个概念就越相似。例如,"计算机""电脑"都可以进行数据分析、信息处理、联网、信息存储等,就可以判定它们是关联本体的可能性很大。

5.1.2　产品模块划分的智能方法

产品模块划分的依据是企业的大量产品零部件数据,主要目标是提高产品模块的独立性,即产品模块内零部件的关联性应尽可能高,产品模块间的信息、功能、结构等关联性应尽可能小,以利于提高模块的互换性、可维修性、可重用性和可回收性等。

产品模块划分的关键是零部件间的关联性确定。传统的方法是专家打分判断。但这种方法主观性比较大,并且专家可能只熟悉自己设计的产品,不熟悉别人设计的产品。产品模块划分的智能方法是利用大量的零部件数据,通过大数据分析,发现零部件间的关联性,然后将关联性高的零部件组成模块。这样,模块之间的独立性就得到提高。例如,数据分析表明某些零部件经常被设计人员一起选择,如 $M12$ 的螺栓和 $M12$ 的螺母,那么这些零部件就可以组成模块。

表 5-1 所示是通过零部件设计、制造、采购、装配时的大数据分析得到的零件间的关联性数据,其中 1 表示关联性最高,0 表示关联性最低。表 5-2 为基于关联性分析得到的零件模块。关联性分析方法可以采用 K 均值算法(K-means

Clustering Algorithm)、ISODATA 算法(迭代自组织数据分析算法,Iterative Self-Organizing Data Analysis Techniques A)、键能算法(Bond Energy Analysis,BEA)等。

表 5-1　零件间的关联性数据

零件	零件1	零件2	零件3	零件4	零件5	零件6	零件7	零件8	零件9
零件1	1	0.9		0.1	0.8			0.7	
零件2	0.9	1			0.4				
零件3			1	0.2		0.7	0.3		0.8
零件4	0.1		0.2	1			0.9		0.1
零件5	0.8	0.4			1	0.1		0.9	0.3
零件6			0.7		0.1	1		0.1	0.4
零件7			0.3	0.9	0.1		1	0.1	
零件8	0.7				0.9		0.1	1	
零件9			0.8	0.1		0.3	0.4		1

表 5-2　基于关联性分析得到的零件模块

零件	零件1	零件2	零件5	零件8	零件3	零件6	零件9	零件4	零件7
零件1	1	0.9	0.8	0.7				0.1	
零件2	0.9	1	0.4						
零件5	0.8	0.4	1	0.9		0.1	0.3		0.1
零件8	0.7		0.9	1		0.1			0.1
零件3					1	0.7	0.8	0.2	0.3
零件6			0.1	0.1	0.7	1	0.4		
零件9			0.3		0.8	0.4	1	0.1	
零件4	0.1				0.2		0.1	1	0.9
零件7			0.1	0.1	0.3			0.9	1

(模块1、模块2、模块3 标注于表中)

5.1.3　产品模块优化的智能方法

1. 产品通用模块建立的原理和作用

产品通用模块建立的目的是提高产品模块的通用性,即产品结构模块应尽可能在不同产品中通用,有助于提高产品生产批量,降低生产和服务成本。

产品通用模块建立的策略主要是:用一种通用模块代替相似模块;用产品模块主模型和事物特性表描述模块族,把模块的变化控制在有限的范围内,如图 5-5 所示。

2. 基于正反馈优化循环机制的产品通用模块的建立方法

将大量的个性化零部件转变成少量的通用模块的传统方法是依靠一线设计人员,不仅费时费力,难度也较大。为此,提出了产品通用模块建立的智能方法。

在网络零件库中,整机企业在选择产品模块时,零部件企业会根据模块的使用数据推荐通用模块,其因为批量大、价格低、质量好而受到用户的欢迎。进而使通

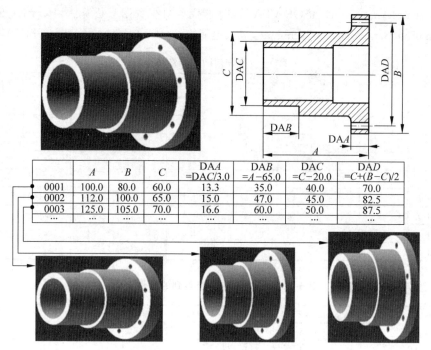

图 5-5　用模块主模型与事物特性表描述模块族[42]

用模块具有更大的批量,根据批量法则,这将进一步降低成本,促使产品模块化朝正反馈优化循环方向发展,即选择通用模块的整机企业越多,通用模块的价格就越低,反过来又吸引更多的整机企业选择通用模块。详见图 5-6。

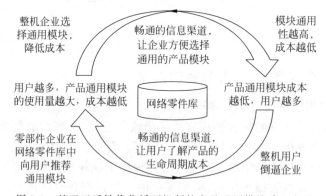

图 5-6　基于正反馈优化循环机制的产品通用模块建立方法

3. 基于知识库和人机协同智能的产品通用模块优化方法

如图 5-7 所示,不同的人对同一种产品模块可能会给出不同的结构模型,其差别虽然很小,但这些差别往往是无意义的,而且会导致产品成本和生产周期的增加。[42]

依靠人工分析产品结构模块的相似性,进行产品结构模块的归并处理和通用

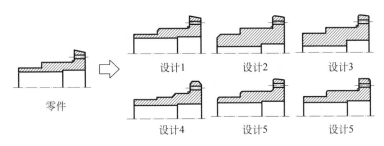

图 5-7 产品结构模块多样化带来的问题

化比较费时费力。利用大数据智能和群体智能分析企业已有的产品结构模块数据建立通用的产品结构模块,是一条值得探索的路径。产品模块主模型建立是图 5-7 的反过程,如图 5-8 所示。这一过程的智能化并非易事,涉及如下问题:

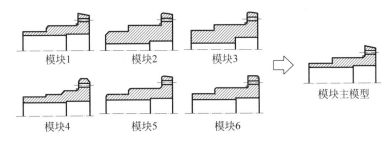

图 5-8 从个性化的实例模块到模块主模型

(1) 大量产品结构模块的最优选择。如果有模块模型库和设计知识库来提供产品模块最优功能和工艺结构及相关知识,就可以匹配出相应的模块结构。例如,图 5-8 的模块主模型最右处的一圆锥面没有模块 2～6 那样明显的倒角,这是否合理,就需要模块模型库的知识来帮助。

(2) 大量的设计知识和工艺知识。如果知识库能够提供产品模块的设计知识,就可以设计出相应的模块结构。例如,图 5-8 中模块主模型的壁厚比模块 2～6 要小,这是否合理,需要计算来分析。

(3) 与相关模块的关系,甚至与整机的关系。如果产品模块库和知识库能够提供原 6 种模块所处产品整机结构的设计图和原先的设计思路,就可以分析出模块主模型替代这 6 种模块的结构后,分别会对原产品有什么样的影响。例如,图 5-8 中模块主模型的最右处有一圆锥面,而模块 4 和模块 6 都没有,这是否合理,需要分析。

(4) 如果图 5-8 中的模块 1～6 设计基本合理,那么用图 5-5 所示的模块主模型加上事物特性表来描述这一模块族的信息也是有意义的,这能够帮助企业控制模块的多样化。

(5) 图 5-8 的关键是模块主模型中主参数的控制,图 5-9(a)对几乎所有的结构参数都进行了控制,这对于复杂的模块显然是很难的,因此需要对主要的变动参数(主参数)进行控制,其他参数可以随着变动参数而变化(随动参数)或者不变化(不

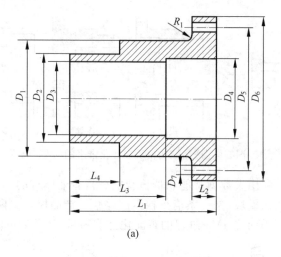

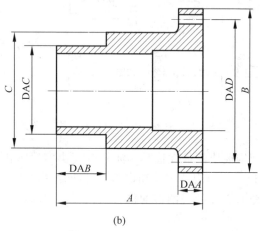

图 5-9　模块主模型中的主参数示例[42]

变参数),即如图 5-9(b)所示。具体方法是:

① 对参数的类型进行分类,如功能参数、工艺参数(如倒角、圆角和拔模斜度等)。

② 通过大量用户的选择确认哪些参数是主参数,哪些是随动参数或不变参数。

经过对用户选择参数的统计分析,图 5-9 所示的模块只有 3 个参数(A,B 和 C)需要控制变化,其余的尺寸或者是可以根据 3 个参数计算出来,或者是固定不变。

这些产品结构模块主模型还需要设计人员协同建立,需要 PDM/PLM 以及 CAX 系统支持这种主模型的描述方法,并要求模块模型库和设计知识库具有自组织功能,能够越使用越"聪明",使后续设计能够在前人设计的基础上更上一层楼。这也是一种人机交互智能方法。

5.1.4 产品主结构建立的智能方法

产品主结构是面向产品族的,由产品主结构可以配置出属于产品族的不同产品的 BOM(物料构成表)。产品主结构有设计、制造、装配、销售等不同的主结构。传统产品主结构的建立比较费事,不仅需要对现有的大量定制产品的 BOM 数据进行分析,还要对未来的产品配置需求进行预测。现在的企业信息系统中有大量定制产品的 BOM 数据,可以利用这些数据帮助建立产品主结构和产品族。

图 5-10(a)所示的简单例子说明了根据大量实例产品的 BOM 数据得到产品设计主结构的方法:通过对产品订单数据进行分析,得到有 4 种产品实例,它们分别由 6 种模块组成,且模块的价值不等,用 0~1 表示,采用模糊矩阵描述。现在要进行聚类分析,建立产品族。聚类的目标是产品族中的产品相似性要尽可能大,产品族之间的产品相似性要尽可能小,即得到图 5-10(b)所示的产品族划分结果。

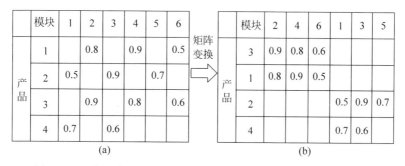

图 5-10 根据实例产品 BOM 数据得到产品设计主结构的简单示例

采用键能算法有助于自动建立产品设计主结构。在产品-模块矩阵中,相邻行或列的矩阵元素值的乘积称为键能。行或列的键能计算如图 5-11 所示。

$a_{i,j}$	$a_{i,j+1}$	行键能	$a_{i,j}$	$a_{i,j+1}$	列键能
0	0	0	0	0	0
0	1	0	0	1	0
1	0	0	1	0	0
1	1	1	1	1	1
0.8	0.5	0.4	0.6	0.7	0.42

图 5-11 行或列的键能计算规则,最后一行为示例

键能算法采用使有效性度量最大的方法,以形成块状对角形式的矩阵,即

$$\sum_{i=1}^{m}\sum_{j=1}^{n} a_{i,j}(a_{i-1,j}+a_{i+1,j}+a_{i,j-1}+a_{i,j+1}) \tag{5-1}$$

图 5-11 中矩阵的计算法是:
(1) 置 $j=1$,任选一列。

(2) 把其余 $n-j$ 列每次一列地放到 $j+1$ 位置上,计算每一列对键能(ME)所起的作用。把对键能的增加作用最大的那一列放到其最佳位置上,令 $j=j+1$,重复前面的步骤,直至 $j=n$。

(3) 在各列均已安置过后,对各行重复同样的过程。

下面以图 5-10 所示例子的计算方法加以说明。

第一步如图 5-12 所示:

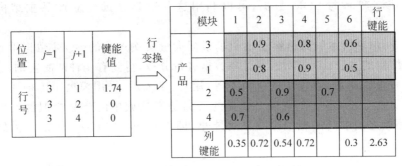

图 5-12　键能法具体例子的第一步计算

(1) 取第 3 行(任意),置 $j=1$;

(2) 把其余的每一行放到 $j+1$ 位置上,计算第 2 行对 ME 值所起的作用;

(3) 计算表明第 1 行对键能值所起的作用最大,则将第 1 行放到第 2 行上。

第二步如图 5-13 所示:

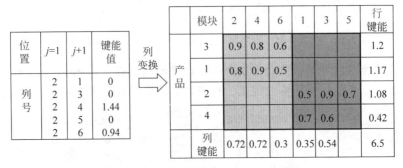

图 5-13　键能法具体例子的第二步计算

(1) 取第 2 列,置 $j=1$;

(2) 把其余的每一列放到 $j+1$ 位置上,计算第 2 列对键能值所起的作用;

(3) 计算表明第 4 列和第 6 列对键能值所起的作用最大,将第 4 列和第 6 列放到第 2 列和第 3 列上。

这样得到了产品族 1 和产品族 2 的主结构,如图 5-14 所示。对于实际产品,模块会很多,情况要复杂得多,需要编程进行计算和分析。

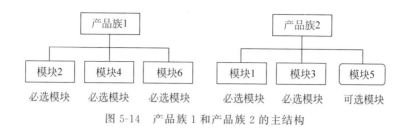

图 5-14 产品族 1 和产品族 2 的主结构

5.2 基于产品模块化的智能生产

5.2.1 基于模块化的产品智能报价

复杂的定制产品的报价不仅需要给出价格,还要给出交货期,这给企业带来了巨大的挑战。

传统的方法是找一个相似的已经做过的产品作为参考模型,提供价格和交货期的数据。但是当新的定制产品与原有产品的差距较大时,这种价格和交货期数据的误差就会较大,难以满足工程的要求。

当企业有较好的模块化基础时,在进行产品报价时将产生一个经过"压缩"的不完整的产品 BOM,其中大量的模块是已知且已经生产过的,因此可以在产品主结构和模块主模型、主文档的基础上,根据用户的需求迅速提供正确的报价和交货期。

当大量模块和材料需要外购和外协时,可以通过工业互联网、零件库、电子商务平台等快速找到相应模块的最新报价和交货期,从而得到比较准确的报价和交货期数据。

5.2.2 基于模块化的生产智能计划

传统的 ETO 定制产品的生产计划编制需要等产品图纸和工艺文件完成后才进行,传统的 MTO 或 ATO 定制产品的生产计划编制是在用户的订单下达后才开始采购和生产,这往往导致较长的生产周期。

基于产品模块化,生产计划管理系统可以对产品的模块进行预测和组织生产,可以在订单下达后,立即制定出粗略的 EBOM(设计 BOM)、MBOM(制造 BOM)。这些 BOM 是不完整的,有一些模块还需要设计、采购洽谈等,但可以用来采购、制造和装配已知模块,对待设计模块的材料进行采购和粗加工,从而显著缩短了生产周期。这种基于不完整的 EBOM、MBOM 得到的生产计划称为不完整的生产计划,而在完整的 EBOM、MBOM 基础上得到的生产计划称为完整的生产计划。不完整的生产计划的制订过程如下:

(1) 选择参考模型。用户订单所要求的个性化产品没有相应的技术数据、工艺数据和作业周期数据等。因此,需要从已经生产过的同类或相似产品中挑选一个"最接近"于当前产品技术条件和要求的产品,作为编制当前产品不完整的生产计划的参考模型。

(2) 编制不完整的生产计划。先根据当前产品与选定的参考产品之间的差别确定相应的难度系数,并按此难度系数来修正参考产品的工艺数据和作业周期,再按产品的交货期,产品不完整的 EBOM,MBOM 和修正后的作业周期,倒排其生产进度计划,计算出其关键路径及有关各工序的最早开工期和最迟完工期,其中也包括技术准备的计划日程。

(3) 预估当前产品的负荷。按步骤(2)编制不完整的生产计划时,使用难度系数修正参考产品的工艺数据,并以此来计算当前产品的不完整的生产计划在各工位组的负荷,称为当前产品的预估负荷。

(4) 生成负荷-能力平衡表。将当前产品的预估负荷与所有正在生产的订单产品所对应的负荷按工位组叠加,形成各个工位组的总负荷,并将此总负荷叠合在对应工位组的能力曲线上,以形成各工位组的负荷-能力平衡表。

当负荷与能力不相平衡时,或者修改当前产品的交货期,或者选择当前产品中的某些零部件作为外协件,并重新执行步骤(2)~步骤(4),直到负荷和能力基本平衡为止。这时的不完整的生产计划经认可以后,才算正式编定。

(5) 重新计算当前产品负荷。在步骤(3)中按难度系数和参考产品的工艺数据算得的负荷只是一种预估负荷,其精确程度是有限的。在当前产品的技术准备完成后,其 BOM 已经产生,工艺数据也已补全,这时较精确计算当前产品负荷的条件已经具备。此时应该按照当前产品的 BOM 和工艺数据,结合其不完整的生产计划,重新计算其负荷,并将此负荷叠加到老负荷上去,预估负荷则随即从预估负荷数据库中清除。

不完整的生产计划一旦编定,就不再修改,在其规定的时间节点限定下编制生产计划。图 5-15 表示了不完整的生产计划与产品开发设计、生产计划、作业计划和产品制造的关系。[20]

在产品粗结构基础上编制而成的不完整的生产计划不仅用作毛坯和原材料采购的依据,还起着协调和控制产品总体设计和详细设计进度的作用(图 5-15 中的虚线箭头),一直到技术准备完成,完整的 BOM 才产生。此时,可以在不完整的生产计划规定的时间框架下编制生产计划和作业计划。这种三层计划模式特别适用于 ETO 模式,如果能够实现以零部件为单位组织生产,则得到的效果更佳。

5.2.3 基于模块化的未来工厂

人们对未来工厂提出了多种模型,这些模型或多或少与产品模块化有关,并且其目标都是实现大批量定制。

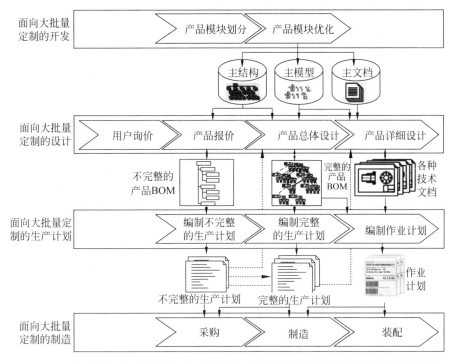

图 5-15　不完整的生产计划与产品开发设计、生产计划、作业计划和产品制造的关系

1. 未来工厂的分形企业（Fractal Enterprise）模型

分形（fractal）几何又称为分数维。组成部分与整体以某种方式相似的"形"叫作分形。其重要特点是自相似性。自相似性指的是几何体的局部形状与整体形状相同。图 5-16 描述了一种分形几何图形通过自相似操作进化演变越来越复杂的过程。德国的瓦纳克（Warnecke）教授在 1993 年提出了"分形企业"的理论，并说明未来企业应是这样一种结构，复杂的企业组织结构由简单的具有相同目标和机制的小团队通过自相似方式形成，以应对复杂多变的内外环境。产品模块化是分形企业的基础。

图 5-16　分形几何图形的自相似性

2. 未来工厂的全能制造系统（Holonic Manufacturing System，HMS）模型

全能制造系统由一系列标准和半标准的、独立的、协作的和智能的全能体组成。全能体（holon）这个词是从希腊字 holos（意思是整个、全部）加上字尾"on"转化而来的。1967 年，匈牙利作家兼哲学家阿瑟·凯斯特勒（Arther Koestler）在其

著作《机器中的幽灵》中首次使用"holon"这个词来代表生物和社会系统的基本组成单位。全能体是一定程度独立自主的单元,执行任务时无须向上级请示。同时,全能体之间具有暂时的递阶层次关系,全能体是上一级的控制对象以及全能群体的一部分。一个制造全能体可以是运输、加工和存储等单元,员工也是全能体的一部分。全能制造系统由全能体以自组织的方式组成,其结构是动态的和暂时的。但自主的特性保证了整体是稳定的,能够在干扰下生存,而对上层整体的服从又确保了更大整体的有效运转。

全能组织的优点在于其能够构建非常复杂的系统,高效利用资源,对来自内部和外部的干扰保持高度的灵活性,对环境变化有很强的适应能力。

3. 未来工厂的生物型制造系统(Bionic Manufacturing System,BMS)模型[46]

生物型制造系统的概念最早由日本京都大学教授 Norio Okino 于 1988 年提出,后来作为智能制造系统的一部分。基于由生物启发得到的思想,例如自生长、自组织、自适应与自进化等,以这些思想为基础的仿生制造系统的目标是处理制造环境中不可预知的变化。与计算机科学的新领域,如进化计算和人工生命相联系,使 BMS 得到了发展。

制造系统的僵化是当今发达国家制造业面临的巨大难题之一。对于当前瞬息万变的制造环境来说,工业中流行的自动化系统,包括所谓的 FMS(柔性制造系统),已非常僵化且难以调整。这就要求构造一个真正的柔性系统结构,这种系统具有自主分布、自组织、自下而上、面向零件、协同和协调、超柔性等特征。而这些特征与生物体的特征是相似的,因此生物型制造系统是现代制造系统的发展方向。

5.3 基于产品模块化的智能服务

5.3.1 基于零件库的智能服务

1. 基于 Web 零件库的协同设计和制造

Web 零件库在大批量定制中发挥着越来越大的作用,其基本原理如图 5-17 所示。[47]

零件供应商向 Web 零件库提供本企业的零部件数据文件,如 AutoCAD、Pro/E 等 CAD 系统的数据文件,并提供自己企业的信息。整机厂的产品设计人员在进行产品设计时,到 Web 零件库中去寻找符合自己需要的零部件的数据文件,并将它们装配到自己的产品中去。设计完成后,整机厂在选择零件供应商时,首先想到的就是提供这些零部件数据文件的供应商。这是一种自组织优化的组织模式。通过 Web 零件库,零件供应商推销出了自己的零部件,整机厂既方便了设计,又快速地找到了合适的合作伙伴。目前,国外已有多个极具规模的网络零件库,如 Traceparts (www.traceparts.com),已经有 1 亿多个 2D/3D 零部件模型。这是一种大范围的

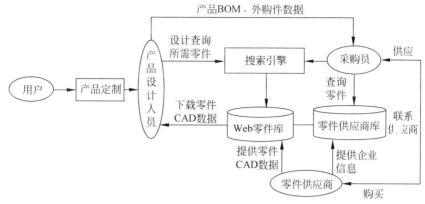

图 5-17 基于 Web 零件库的大范围的大批量定制模式

大批量定制模式,零部件供应商面向全国乃至全球提供标准化的零部件,可以形成很大的批量,进而可以采用高效的加工方法,显著降低成本和提高质量,最终帮助整机厂实现大批量定制。

在国内,这类网络零件库发展较慢,零件资源数量较少。其原因主要是:我国零部件企业以中小企业为主,专业化生产水平相对较低,企业信用机制还不健全等。企业对企业内的产品模块化可能还感兴趣,对跨企业的产品模块化往往兴趣不大,因为难度大,利益不清晰,因此零件库的起步较难。

基于零件库的分布式智能模块化设计的对策是:

(1) 基于模块化零件库的供应商和用户的利益一致化。供应商需要零件库推销自己的零部件,而整机企业需要通过零件库快速找到最合适的零部件和供应商,所以模块化是供应商和用户的共同利益。因为模块化能够形成零部件生产的较大批量,降低供应商的制造成本;模块化使整机企业容易选择价廉物美的模块快速组合成所需要的产品。

(2) 模块信息和供需信息透明化。互联网技术,特别是 Web 2.0 技术的发展使企业可以在互联网环境中方便地开展协同模块化设计。在基于互联网的模块化设计平台(如零件库 Transparts、三维资源在线 www.3dsource.cn 等)中的模块信息和使用次数是透明的,用户反馈意见也是透明的,可以快速知道哪些零部件应该成为通用模块。

(3) 协同设计和制造的自组织优化。模块生产企业根据模块使用的统计数据,推荐用户尽可能采用使用量大的通用模块,因为这些模块批量大,是专业化生产的,其成本低。而专用模块生产所需资源多,成本也高。

最终会形成一种基于零件库的分布式模块化的自组织优化模式,如图 5-18 所示。[47]

2. 基于零件库的零部件资源共享

基于 Web 2.0 的零部件资源共享如图 5-19 所示。[47]

(1) 内容建设大众化。在零件库中,可采用微信、博客模式,由零部件企业提

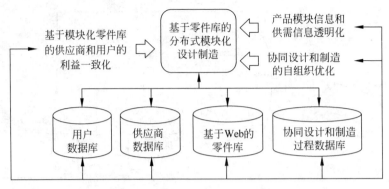

图 5-18　基于零件库的分布式智能模块化设计内容

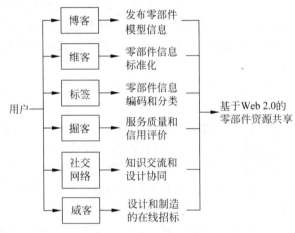

图 5-19　基于 Web 2.0 的零部件资源共享

供和上传零部件模型信息(包括零部件主图模型和事物特性表)。还可采用维客模式,对一些由多家企业提供的零部件主图模型和事物特性表进行标准化。

(2) 编码和分类大众化。零部件模型信息的编码和分类系统由零部件企业和客户自己建立。这里主要采用标签技术,即让零部件企业自定义所上传零部件模型信息的标签,并对模型进行分类。只有标签定义准确,才能让搜寻者很快地找到零部件模型信息。而零部件企业也能很快了解到同一标签下有哪些被分享的零部件模型信息。在这方面,可以参考 Flickr、又拍网等提供照片存储与分享服务的 Web 2.0 网站。

(3) 服务质量和信用评价大众化。采用 Web 2.0 网站中的大众评价方法(如掘客),并根据可追溯的数据下载和交易记录,以及企业提供的质量和信用证明材料,对企业提供的零部件质量和信用进行评价。这里重要的前提是采用实名制。

(4) 企业协同社会化。采用社交网络中许多方便的功能把零件库客户组成团体,进而形成一个社会化网络,使零件库不仅是零部件模型信息存储分享的场地,更是一个零部件企业和整机厂的知识交流和设计协同平台。

(5) 零部件设计和制造的在线招标。可以采用威客模式,在零件库中开展零部件设计和制造的在线招标。

最近发展很快的中国最大、最专业的零件库三维资源在线(www.3dsource.cn),据说已经能够提供3 300万个三维标准件等模型资源供免费下载。其特点是开始采用Web 2.0的一些方法,如大众化的零部件资源发布和评价等。

5.3.2 基于大数据的面向模块化的汽车协同维护服务

1. 背景

当前消费者对汽车维修服务质量、价格等意见颇多。汽车维修数据不透明,汽车零部件跨汽车集团的模块化和通用化程度低、维修零部件价格高,汽车企业垄断维修市场等是主要原因。

2015年1月开始实施的国家10部委共同印发的《关于促进汽车维修业转型升级、提升服务质量的指导意见》提出:加强行业诚信建设,营造放心修车环境。要发挥消费者监督评价对市场消费的导向作用,建立健全汽车维修质量监测体系。要完善机动车维修企业质量信誉考核办法,积极运用互联网和信息化手段,引入消费者监督评价机制,构建企业经营行为和服务质量动态监管机制及信息化监管平台,用市场信息公开透明和消费者口碑倒逼和推动市场诚信建设,不断提升用户满意度。

还提出要建立实施汽车维修技术信息公开制度。

特别提出要破除维修配件渠道垄断,促进汽车维修配件供应渠道开放和多渠道流通。按照市场主体权利平等、机会平等、规则平等的原则,打破维修配件渠道垄断,鼓励原厂配件生产企业向汽车售后市场提供原厂配件和具有自主商标的独立售后配件;允许授权配件经销企业、授权维修企业向非授权维修企业或终端用户转售原厂配件,推动建立高品质维修配件社会化流通网络。贯彻落实《中华人民共和国反垄断法》和《中华人民共和国消费者权益保护法》的有关规定,保障所有维修企业、车主享有使用同质配件维修汽车的权利,促进汽车维修市场公平竞争,保障消费者的自主消费选择权。鼓励汽车维修配件流通企业发展电子商务,创新流通模式,加深与维修业融合发展。

这不仅为建立透明公平的维修市场提供了制度支撑,对于进一步推动跨汽车集团的模块化和通用化也是难得的机会。这里主要研究如何在大数据环境下,通过消费者倒逼企业开展跨汽车集团的模块化和通用化模式和平台。

2. 基于大数据的面向模块化的汽车协同维护服务的总体框架

基于大数据的面向模块化的汽车协同维护服务的总体框架如图5-20所示。[47]

3. 基于大数据的面向模块化的汽车协同维护服务模式

基于大数据的面向模块化的汽车协同维护服务模式的特点如下:

(1)满足消费者关注产品生命周期成本的需求。基于大数据的面向模块化的汽车协同维护服务模式可帮助消费者选择产品生命周期成本低的汽车。消费者选

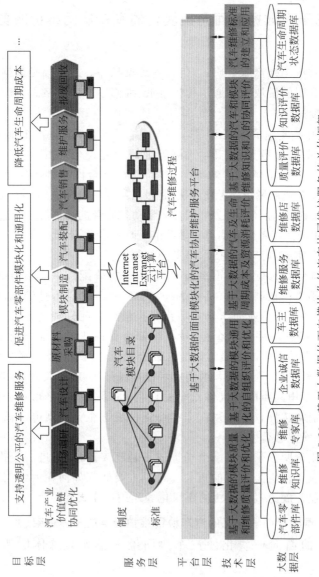

图 5-20 基于大数据的面向模块化的汽车协同维护服务的总体框架

择一个汽车品牌,除了品牌偏爱、外观设计、售价之外,汽车维修和零部件成本也是其中需要考虑的因素。目前汽车销售价格是透明的,但汽车维修及配件价格是不透明的。一些整车厂利用其维修及配件垄断服务渠道,收取高昂的维修及配件费用,造成消费者汽车保养和维修费用居高不下。若汽车维修及配件成本透明,消费者自然会选择生命周期成本(制造成本、使用成本和维修成本)低的汽车。

(2) 满足维修店选择价廉物美的维修配件的需求。基于大数据的面向模块化的汽车协同维护服务模式可支持消费者选择维修及配件价廉物美的维修店。当所有的维修信息及配件价格都存储在大数据库中,可以被分析和排名时;当消费者在找维修店家时,清楚知道附近哪家维修店维修哪种模块的价格和质量情况时,维修店就会积极选择通用模块作为维修配件来降低消费者的维修成本,为不同整车厂的不同车型提供维修服务和模块更换服务,也为自己赢得了更多客户。

(3) 满足整机厂降低汽车生命周期成本的需求。基于大数据的面向模块化的汽车协同维护服务模式可以支持消费者倒逼整机厂进行模块化设计,采用价廉物美的通用模块,以降低整机的生命周期成本,因为模块通用程度越高,成本越低,不仅可以降低产品生产成本,还可以显著降低产品维修成本,最终降低汽车的生命周期成本,使产品更有市场竞争力。

(4) 满足零部件厂降低通用模块成本的需求。基于大数据的面向模块化的汽车协同维护服务模式可以倒逼零部件厂生产通用模块,适应不同整车厂的不同车型,形成较大批量,开展专业化分工,提高质量,降低成本。低成本的通用模块可以在整车价值链和维修市场中获得更多订单,形成更大批量,进而进一步降低成本,实现正反馈良性循环。

(5) 满足保险公司等对于降低汽车维修及配件费用的需求,进而降低消费者的保险费用。基于大数据的面向模块化的汽车协同维护服务模式可以使整个汽车维修过程透明化,并且使通用模块成本降低,这将使保险公司获益,而保险公司也会让利于民,促进汽车保险业健康发展。

由于实际问题的复杂性、许多因素的不可控性,基于大数据的面向模块化的汽车协同维护服务模式可能经过较长时间才能实现。

4. 基于大数据的面向模块化的汽车协同维护服务的技术路线

基于大数据的面向模块化的汽车协同维护服务的技术路线如图 5-21 所示。

(1) 利用大数据公开化的制度。大数据应用中最难的事是数据不公开和不共享。现在汽车维修服务中关键大数据的公开和共享问题已经得到部分解决,国家有相关制度出台。

(2) 终端用户需求倒逼法。实现基于大数据的面向模块化的汽车协同维护服务模式的源动力是汽车消费者(车主)。维修及配件信息要向消费者公开,产品生命周期成本要透明。

(3) 基于大数据的面向模块化的汽车协同维护服务的顶层设计。基于大数据

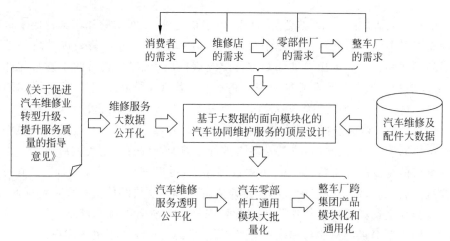

图 5-21　基于大数据的面向模块化的汽车协同维护服务的技术路线

的面向模块化的汽车协同维护服务不是纯技术问题,需要开展制度—标准—关键技术—平台的综合研究,进行大数据建立、集成、结构化和有序化的顶层设计。其具体内容如图 5-22 所示。

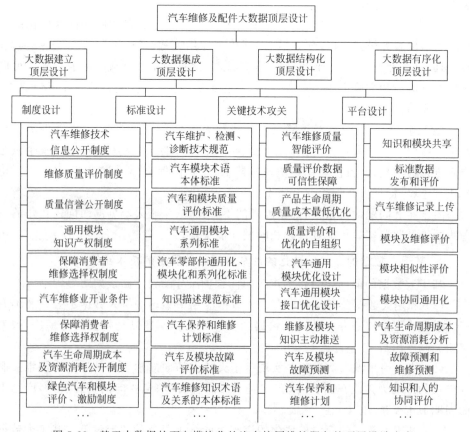

图 5-22　基于大数据的面向模块化的汽车协同维护服务的顶层设计内容

5. 基于大数据的面向模块化的汽车协同维护服务平台的服务内容

基于大数据的面向模块化的汽车协同维护服务平台的服务内容如图 5-23 所示。其服务使汽车维护过程透明、公平化，促使整个生态系统朝最优化方向发展，即产品模块化、模块通用化、成本最低化、用户满意度最大化、企业创新快速化。

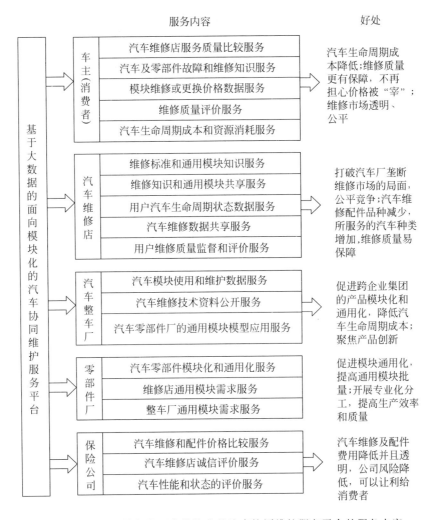

图 5-23 基于大数据的面向模块化的汽车协同维护服务平台的服务内容

通过基于大数据的面向模块化的汽车协同维护服务平台可以降低维修及配件成本和价格，提高维修质量，促进企业在汽车设计中尽可能多地采用标准化和通用化的模块，降低产品生命周期成本，实现显著的节能减排，达到社会、整车厂、零部件厂、维修店、汽车消费者以及保险公司共赢。

5.4 思考题

(1) 基于群体智能的产品名称本体建立与维护方法的原理是什么？
(2) 产品模块划分的智能方法是什么？
(3) 产品主结构建立的智能方法是什么？
(4) 为什么基于模块化的生产智能计划能够缩短生产周期？
(5) 基于模块化的未来工厂的共同特点是什么？
(6) 零件库在开展模块化设计、制造和服务中的作用是什么？

参考文献

[1] 罗文.德国工业4.0战略对我国推进工业转型升级的启示[J].工业经济论坛,2014(4):1-2.

[2] 佚名.中国智能制造存在的五大难点[EB/OL].https://www.rootcloud.com/cmscontent/908.html,2020-06-17.

[3] 顾新建,杨青海.产品模块化是中国成为制造强国的必由之路——解读《机电产品模块化设计方法和案例》[J].中国机械工程,2018,29(9):1127-1133.

[4] 李春田.标准化概论[M].6版.北京:中国人民大学出版社,2014.

[5] 许香穗,蔡建国.成组技术[M].北京:机械工业出版社,1987.

[6] D.琼斯,等.改变世界的机器[M].北京:万国学术出版社,1991.

[7] 顾新建,祁国宁,谭建荣.现代制造系统工程导论[M].杭州:浙江大学出版社,2007.

[8] 祁国宁,顾新建,谭建荣.大批量定制技术及其应用[M].北京:机械工业出版社,2003.

[9] 肖利华,韩永生.运用"喝酒模型"和"自助餐模型"解决供应链中的库存问题[J].上海信息化,2006(4):70-73.

[10] 顾新建,纪杨建,祁国宁.制造业信息化导论[M].杭州:浙江大学出版社,2010.

[11] [美]詹姆斯·迈天.生存之路——计算机技术引发的全新经营革命[M].李东贤,等译.北京:清华大学出版社,1997.

[12] Min Zhang,Xiande Zhao,Yinan Qi. The effects of organizational flatness,coordination,and product modularity on masscustomization capability[J]. Int. J. Production Economics,2014(158):145-155.

[13] 克里斯·安德森.创客:新工业革命[M].北京:中信出版社,2012.

[14] 贾延林.模块化设计[M].北京:机械工业出版社,1993.

[15] Pahl G,Beitz W. Engineering design:a systematic approach[M]. Berlin:Springer-Verlag,1996.

[16] Joerg Leukel,Volker Schmitz,Frank-Dieter Dorloff. A modeling approach for product classification systems[C]. Proceedings of the 13th International Workshop on Database and Expert Systems Applications(DEXA'02),2002.

[17] 柳献初.模块化思想溯源[J].商用汽车,2009(2):80-81.

[18] 施进发,游理华,梁锡昌.机械模块学[M].重庆:重庆出版社,1997.

[19] 孙跃.机械控制模块学[M].重庆:重庆出版社,1997.

[20] 顾新建,杨青海,纪杨建,等.机电产品模块化方法和案例[M].北京:机械工业出版社,2013.

[21] Brusher G A,Kabamba P T,Ulsoy A G Coupling between the Modeling and Controller—Design Problems—Part Ⅰ:analysis[J]. Transactions of the ASME,1997,(119):498-502.

[22] 王铭.吉利模块化架构定名自主品牌进入模块化比拼阶段[EB/OL].https://auto.163.com/20/0728/07/FIJSNIK8000884MM.html,2020-07-28.

[23] Alter.富士康的造车梦,告别"代工厂"的最后机会[EB/OL].https://baijiahao.baidu.

[24] EV车世界.自称汽车界"安卓"富士康推出MIH纯电动平台[EB/OL].https：//baijiahao.baidu.com/s？id=1681273411832810564&wfr=spider&for=pc,2020-10-23.

[25] 佚名.三分钟告诉你丰田TNGA架构才是革命性突破！[EB/OL].https：//www.sohu.com/a/442133860_100038642,2021-01-04.

[26] 百度百科.成套设备[EB/OL].http：//baike.baidu.com/view/396568.htm,2012-9-27.

[27] 全国移动实验室标准化技术委员会.移动实验室模块化设计指南：GB/T 31018—2014 [S].北京：中国标准出版社,2015：2.

[28] 艾欧史密斯(中国)热水器有限公司上海分公司.A.O.史密斯商用模块化热水设备[J].上海节能,2011(1)：35-39.

[29] 全国自动化系统与集成标准化技术委员会.工业机器人模块化设计规范：GB/T 33262—2016[S].北京：中国标准出版社,2016：12.

[30] 全国自动化系统与集成标准化技术委员会.机器人机构的模块化功能构件规范：GB/T 35144—2017[S].北京：中国标准出版社,2017：12.

[31] 邱永红,朱勤.无线通信装备模块化设计研究[J].电讯技术,2003(5)：107-112.

[32] Rogers G G,Bottaci L. Modular production system：a new manufacturing paradigm[J]. Journal of Intelligent Manufacturing,1997,(8)：147-156.

[33] 李长生.斯堪尼亚：独创单缸模块化燃烧概念[J].运输经理世界,2007(11)：28.

[34] 韩守亮,崔淑梅.一种新型模块化级联电机系统[J].电工技术学报,2013,28(2)：155-162.

[35] 樊蓓蓓.基于网络分析法的模块化产品平台关键技术研究[D].杭州：浙江大学,2011.

[36] 范文慧.面向产品信息建模的图形单元及其自组织理论、方法和应用研究[D].杭州：浙江大学,1998.

[37] 易风."宇通采集之旅"为用户创造更大价值[EB/OL].https://auto.163.com/08/1126/17/4RMLLJPD00081G98.html,2008-11-26.

[38] 车阿夫,杨明顺.质量功能配置方法及应用[M].北京：电子工业出版社,2008.

[39] 童时中.模块化原理设计方法及应用[M].北京：中国标准出版社,1999.

[40] Pahl G,Beitz W. Engineering design—a systematic approach [M]. English translation by Wallace K. Berliu：Springer-Verlag,2007.

[41] 中国标准化研究院.机械产品模块化设计规范：GB/T 31982—2015[S].北京：中国标准出版社,2016：4.

[42] 祁国宁,Josef Schöttner,顾新建,等.图解PDM[M].北京：机械工业出版社,2005.

[43] 顾新建.制造系统建模、优化和控制的理论研究与应用[D].杭州：浙江大学,1993.

[44] 谭艳辉.模块化配置技术在柳工轮式装载机设计中的应用[D].杭州：浙江大学,2012.

[45] 中国机械工业联合会.机械零部件模块化设计评价规范：GB/T 39589—2020[S].北京：中国标准出版社,2020：12.

[46] Okino N,Bionic Manufacturing System, in：Peklenik, J. (edit). Flexible Manufacturing Systems—Past-Present-Future[M]. Paris：CIRP,1993.

[47] 顾新建,顾复,代风,等.分布式智能制造[M].武汉：华中科技大学出版社,2019.